集中できないのは、部屋のせい。

東大卒「収納コンサルタント」が開発！
科学的片づけメソッド37

整理収納アドバイザー
米田まりな

PHP

「自宅で仕事・勉強」できていますか？

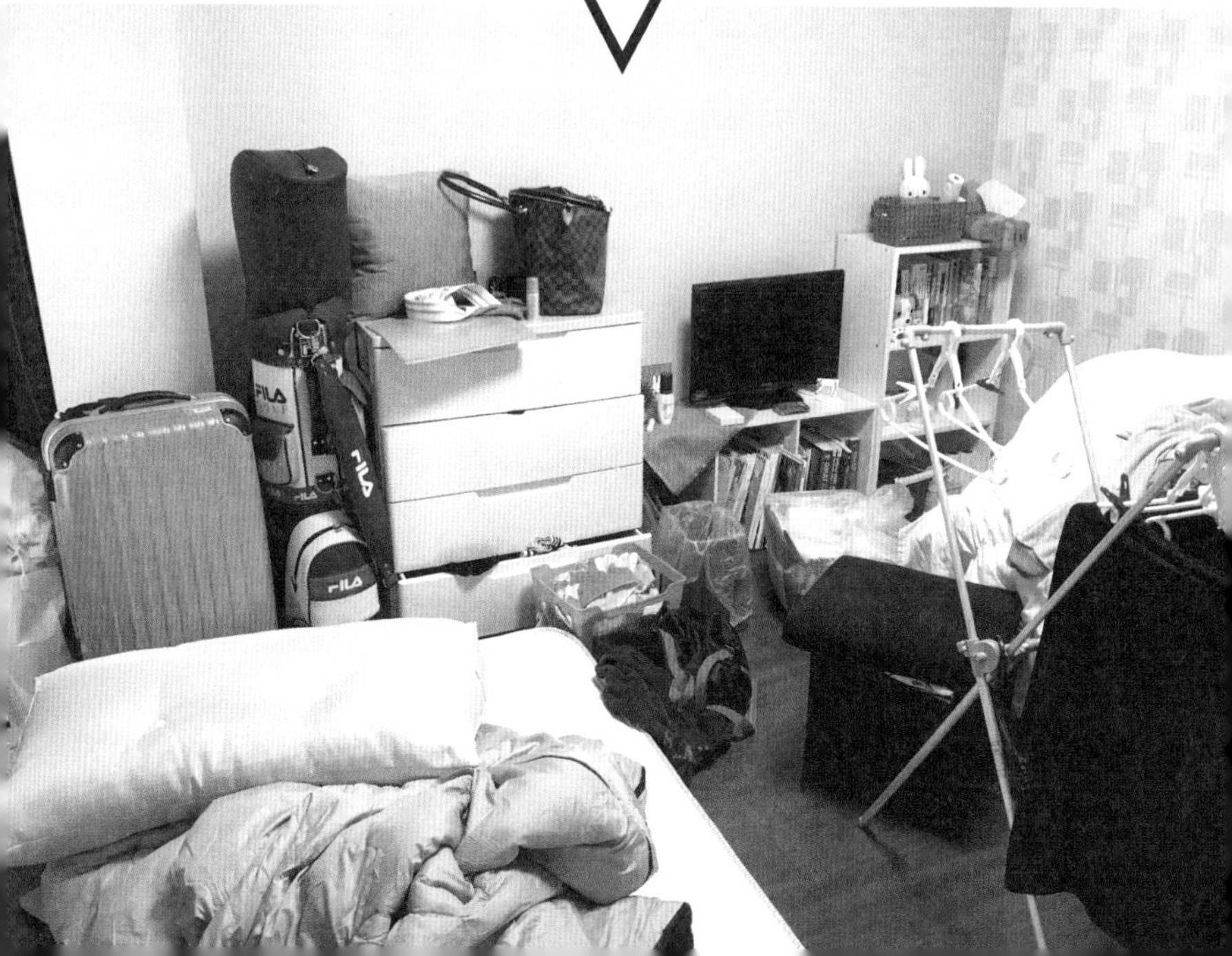

オフィス、カフェ、図書館、ホテル……。

集中できる場所はいくつあってもいいでしょう。その日の用事や気分、天気に合わせて最適な選択ができるからです。

そのなかでも、「自宅」で集中して作業や勉強ができれば、それに越したことはありません。

でも、「自宅では集中できない」という方からは、次のような悩みがあると聞きます。

部屋は
リラックスする
空間だから、
集中できない！

家事に時間を
とられてしまって、
集中できない！

部屋は
誘惑が多くて、
集中できない！

同居家族が
何となく
気になるから、
集中できない！

部屋が狭すぎて、
集中できない！

人目がないから、
集中できない！

オンとオフが
はっきりせず、
気分転換も
できないから、
集中できない！

その悩み、「片づけ」で解決します。

片づけで劇的に部屋は広くなります。

わざわざ出かけなくても、「自宅

で集中できない」という悩みは、片づけで解消できます。部屋が片づけば、集中も、リラックスも、家事も、運動も思いのままです。

あなたの家が散らかっていて、「自宅では集中できない」と思い込んでいるのだとしたら、それはもったいないことです。

もしかしたら、「片づけは難しいもの」と決めつけているのかも。だとしたら、今日から考えを改めましょう。

片づけは、あなたが日々こなしている仕事や勉強と比べれば、とても簡単なことだからです。

いくつかの「ルール」さえマスターすれば、一生片づけで困りません。

「え、ルール？」

「誰？」

めんどくさっ！

と思っちゃい
ましたか？

ご安心ください。

整理収納アドバイザー

米《こめ》田《だ》まりな

整理収納に関する約100万人分の消費者データをもとに、
主婦やビジネスパーソンなどの片づけを
コンサルティングしてきた片づけのプロ！

モノを捨てなくてもOK！
やっていただくのは、
「これだけ」です。

1セット たった30分！

❶ 全部出す

❷ 頻度別に分ける

❸ 定位置を決める

❹ 使ったら戻す

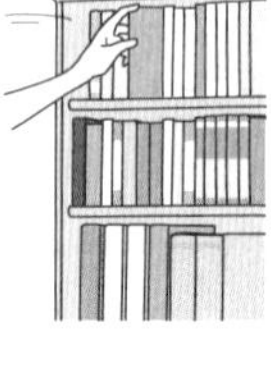

仕事や勉強に集中できないことを「環境」のせいにするのは、もうやめましょう。

カフェに行かなくても、ホテルの一室を借りなくても、自宅に集中できる環境が整っていれば、「やりたいことを確実に成し遂げられる自分」が手に入ります。

そのための「一生使える片づけメソッド」をお教えします。

一緒に
頑張り
ましょう！

はじめに

片づけのニューノーマル

あなたは自宅で仕事や勉強が捗《はかど》りますか?
職場や学校と同じ集中力を、自宅でもキープできていますか?

テレワークの環境は整えたけど、10分おきにSNSを見てしまう。
あれもこれもやらないといけないと焦ってしまい、目の前のタスクに集中できない。
色々なモノが目に入ってきて、落ち着かない。

そんな悩みを抱えている方は多いでしょう。

もし、オフィスやカフェと同じくらい、むしろそれ以上に集中できる環境が、自宅にあったらどんなにラクでしょう。

本書でご紹介するのは、**自宅作業の集中力を高めるための部屋の「片づけ術」**です。

自宅は３６５日24時間営業、利用無料で、飲食自由、空調完備、移動時間０分と、自宅での集中力を自在に操れれば、なかなか効率の良い作業場所です。時間が足りないときも、悪天候やウイルスなどが心配で出歩けないときも、「自分のやりたいこと」を続けることができます。

片づけに関する書籍は数多く存在しますが、じつはそのほとんどが、「ていねいな暮らし」や「豊かな生活」をゴールにしたものです。それらは、テレワークや自宅学習に適した環境、つまり「集中できる部屋づくり」をめざしたメソッドではありません。紹介されるメソッドも、ビジネスパーソンに役立つとは言い難いものです。

そこで本書は、**「作業の集中力を高めること」**に目的を絞り、そのためのメソッドをまとめています。仕事や勉強に忙しい日々を送っているあなたに、手間暇かけずに、最短ルートで部屋が片づく方法をお伝えします。

片づけられないのは、気持ちではなくシステムの問題

まず、片づけに関して、多くの方が次の2つのことを勘違いしています。

1つは、片づけにおいて「精神論」を重視すること。

「捨てるか残すかを決めるには強い意思が必要だ」「好きなモノ以外は思い切って捨てる」など、自分の気持ちと向き合うことを優先してしまうのです。

モノを捨てられないメンタルから捨てるメンタルに変えるには時間がかかりますし、性格は人それぞれなので、精神論では成果にばらつきが生じます。

片づけは精神論ではなく、機械的なスキルです。

片づけが苦手な方でも、「自分を変える覚悟」は必要ありません。

「片づけられない」のは性格のせいではなく、単純に片づけのルールが定まっていないか、モノの総量に対して部屋の面積が狭いだけです。あなた自身に問題があるのではなく、「システム」に課題があるとも言えます。システムを改善すれば、部屋が狭くても、モノが多くても片づけられます。

もう1つの勘違いは、劇的なビフォー・アフターを期待すること。

片づけは、一朝一夕で成果が期待できるものではありません。「手っ取り早く部屋を綺麗にしたい」という気持ちはよくわかります。しかし、1週間で再び部屋が散らかってしまっては、元も子もありません。自己肯定感が下がって、自宅で作業をすること自体が嫌になってしまう可能性もあります。

めざすべきは、リバウンドしない部屋づくりです。長期的に集中できる環境を維持することなのです。

本書では、誰もが簡単に実践できる片づけメソッドを紹介します。ステップ通りに行なうことで、徐々に部屋が片づき、リバウンドしない筋肉質な部屋が完成します。焦らず、本書を何度も読み返しながら、じっくり取り組んでください。

片づけをアップデートしよう

現在、私は日中はベンチャー企業でデータ解析の仕事をしながら、夜間は大学院で学び、休日は整理収納アドバイザーとして、企業や個人の方の片づけをコンサルティングさせていただいています。ありがたいことに、仕事も通学もコンサルティングも、すべてオンラインで完結。趣味のピラティス・料理・お笑い鑑賞も、家の中でぬくぬくと楽しんでいます。

私は小学生のときから現在に至るまで、「在宅作業」で成果を上げました。本書では、これまでの経験や仕事を通じて得た知恵や知見をもとに、在宅作業に適した部屋づくり、片づけのノウハウを皆さんにお伝えします。ただノウハウをお伝えするだけでなく、しっかり科学的根拠（エビデンス）を伴うように意識して紹介します。

テクノロジーの進歩で、いまでは多くの仕事が自宅でもできるようになりました。一方で自宅の片づけに関しては、親の世代から大きく変わらず、アナログなやり方をしている方が大半です。効果が見えない片づけに時間をかけるのは**非効率**です！

本書がめざすのは、テレワーク（在宅勤務）するビジネスパーソンだけでなく、主婦の方や受験生、学生さんが、自宅でもしっかり集中できる環境のなかで、成果につなげてもらう「片づけメソッド」です。

新しい時代にこそ、いままでのやり方を変えるチャンスです。

さあ、あなたの片づけメソッドを、アップデートしましょう。

整理収納アドバイザー　米田まりな

本書のメソッドが役立つのはこんな人

①時間をかけずに部屋を片づけたい！

②集中できる環境をつくりたい！

①②を同時に実現！

本書の構成

STEP1

集中できない理由と片づけの基本をおさえる

第1章
集中できる部屋づくりの基本

STEP2

片づけメソッドを実践する

第2章
片づけ① アーカイブ
（一時保存）

→

第3章
片づけ② シンプル
（引き算思考）

→

第4章
片づけ③ シェア
（共有）

STEP3

集中できる書斎スペースをつくる

第5章
集中できる部屋づくりメソッド

● ステップを踏むように活用してもいいし、役立ちそうなところから読んでもOK！
● 手っ取り早く部屋を片づけたい人は、第2章を先に読んでください。

Contents

Contents

第2章

よく使うモノほど近くに置く
——使用頻度で分ける整理＋収納法

第3章

インテリアに凝るのは最後の最後
――絶対にリバウンドさせない「引き算」思考

Contents

第4章 紙や服は捨てずに共有する
——部屋を賢く拡張する「持たない」整理術

第5章

あなたの部屋にも、書斎はつくれる

——米田流「精神と時の部屋」のつくり方

Contents

ブックデザイン／金井久幸＋高橋美緒（TwoThree）
カバーイラスト／米村知倫（Yone）
本文・帯イラスト／二階堂ちはる
編集／大隅 元（PHP研究所）

第1章

机にモノを置かないで！

――たった10秒でゾーンに入る片づけの基本

ここでは、具体的な「片づけ術」に
入る前の準備段階として、
なぜあなたが集中できないのか、
その理由を知ることからスタートします。
そして片づけの基本をマスターしてください。

Method 01 「散らかった部屋では集中できない」科学的根拠

読了時間 3 min

Evidence

「また机に漫画本なんか置いて。**机が散らかっていたら勉強に集中できないよ！**」

小さい頃、そんなふうに両親に注意された経験がある人は多いのではないでしょうか。

そして、文句を言いながらも、しぶしぶ漫画本を片づけ、机に向かっていた人がほとんどだと思います。

机の上のモノと集中力のあいだにはどんな関係性があるのでしょうか？

これに関して、プリンストン大学の神経科学研究所の「視覚に与える刺激の種類と集中力の相関関係」についての興味深い研究があります（※）。

まず、次ページの2つのイラストを見てください。

※「Interactions of Top-Down and Bottom-Up Mechanisms in Human Visual Cortex」Stephanie McMains and Sabine Kastner・2011年

A

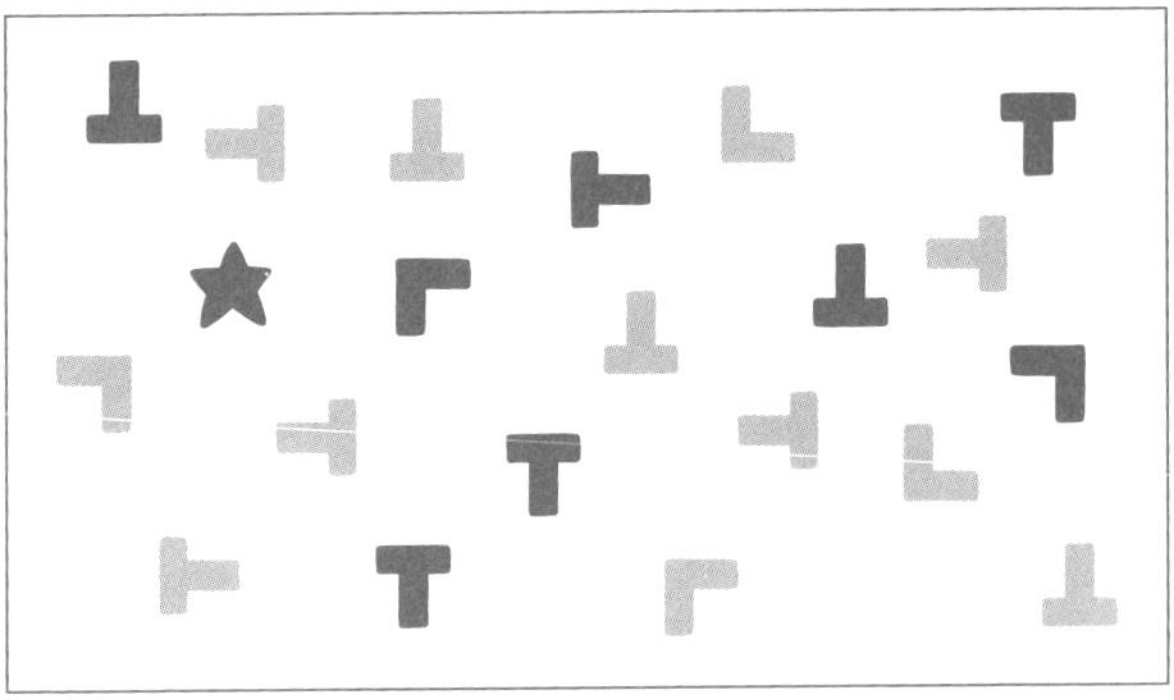

B

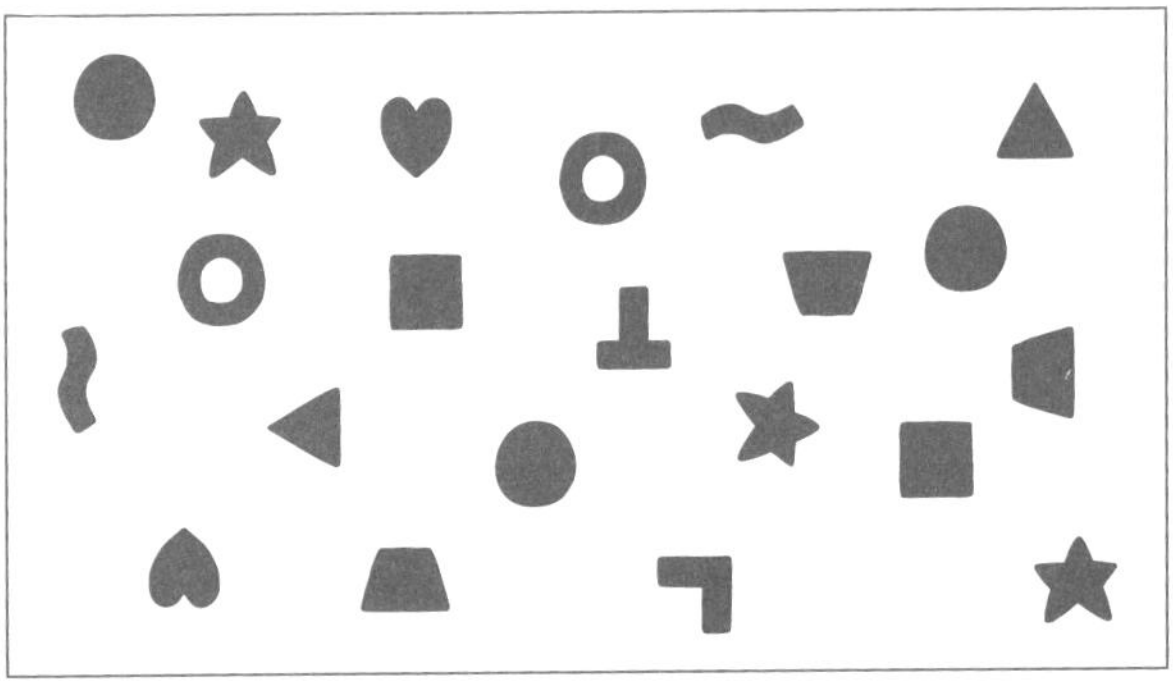

2枚のイラストを見比べて、AとBのどちらが、「目が疲れる」と感じますか？

AもBも、向き・形が異なる図形が散らばっていて、「疲れ」を感じます。より混沌《こんとん》とした印象を受けるのは、Bのほうだと言えそうです。

目に与える「刺激」をコントロールする

人が視覚情報を処理するとき、「ボトムアップ型注意」と「トップダウン型注意」の2種類が相互に働いています。「ボトムアップ型注意」とは、自らの意思とは関係なく、目に入った刺激から潜在的に働くものです。

もう一方の「トップダウン型注意」とは、あらかじめ頭の中で決めている事前情報をもとに、バイアス（先入観）をかけて注目すべき対象を選ぶことです。

29ページのイラストで説明しましょう。Aを5秒間見続けて、目を閉じてください。

どの図形が印象に残りますか？

1つだけ種類の異なる★が、頭に浮かんだのではないでしょうか。同じグループ内に、ジャンルの異なるモノがあると、数は少なくても潜在意識に残りやすくなります。これが「ボトムアップ型注意」の特徴です。

この刺激は、「作業中に関係のないモノが突然視界に入る瞬間」にも起きています。仕事や勉強中に視界に入る経費精算のレシート、Ｅｘｃｅｌの作業中に視界に入るビジネス雑誌……。**どんなに周りを気にしないようにしても、視界に余計な情報が1つ入ってくると、集中力は知らず知らずのうちに減退していくのです。**

先ほどのプリンストン大学の実験結果からも、「視覚に、体系化されていない複数種類の刺激が目に加わるほど、脳の集中力は低下する」ということがわかっています。

つまり、集中力を高める一番のコツは、異質なモノを、視界から極限まで取り除くこと。取り組んでいるタスクと関係のないモノの数々は、ボトムアップ型の注意の刺激となり、あなたの集中力を途切れさせ、脳のCPUを蝕《むしば》んでいきます。

作業中にほかのことを考えてしまうのは、あなたの意思が弱いのではなく、視覚刺激の種類が多すぎるだけかもしれません。強靭《きょうじん》な精神力を身につけるより、デスク周りをササッと片づけて、浮かんでくる邪念をコントロールしましょう。

「勉強机に漫画を置かないで、本棚にしまいなさい」という両親からの注意は、勉強道具以外のモノを視界に入れないことで、ボトムアップ型注意をコントロールするという理にかなったアドバイスだったのです。

ワンモア
アドバイス

先ほど紹介した「トップダウン型注意」については、Bのイラストで説明しましょう。漫然と眺めていれば、「なんだか、色々な形がある」という印象しかないですよね。しかし、「■の数を数えてください」と事前に指示されると、途端に■がハッキリ見えてくる気がしませんか？ 散らかった部屋で仕事や勉強をする際、脳内ではトップダウン型注意とボトムアップ型注意がせめぎあっています。集中できなかったり、ぐったりと疲れてしまうのは当然と言えるでしょう。

［速攻片づけ①］

Method 02

集中力を乱す「未完了のタスク」を取り除く

作業時間 3 min

集中して仕事・勉強をするつもりだが、友人にメールをしたり、爪を切ったり、ペンを整理したり……なんて経験はないでしょうか？

作業に没頭していても、「あ、これもやらなくては！」と別のタスクが頭をよぎると、集中力が一気に途切れます。一度気が散ると、「集中しなきゃ！」といくら思っても、別のタスクが気になってしまうでしょう。

そこで、**別のタスクが頭をよぎらないように環境を整備**していきましょう。

Evidence

ここでは、『はじめてのGTD ストレスフリーの整理術』（デビッド・アレン著、田口元監修、二見書房）という本をご紹介します。

この本では、膨大なプロジェクトも小さく区切り、正しい優先順位で一つひとつやりきる方法（Getting Things Done、略してGTD）について解説しています。

その中から部屋の片づけにも関連するいくつかのキーワードを引用しましょう。

「やらなければならないさまざまなことが、漫然と頭を占有し続けている。これこそが、**時間とエネルギーを最も消費しているものの正体だ**」
——ケリー・グリーソン

「頭の中にある未完了のタスクは**良心を苦しめ、エネルギーを消耗させる**」
——ブラーマ・クマリス

「意味が異なるものが同じ場所に積み上げられていると、その中身が何であるかを見るたびに考えなくてはいけない。それにうんざりして**あなたの頭はそれについて考えなくなってしまう**」
——デビッド・アレン

ＧＴＤの基本ルールは、仕事もプライベートも、すべてのタスクを細分化し、１箇所のリストに集約させ、毎日リストを消化・更新していきます。一度リストに書きさえすれば、実際に手をつけるまで忘れてもＯＫです。頭の中は、つねに**「進行中の１つのタスク」**にだけ集中するのです。

私たちの日常は、「未完了のタスク」との戦いです。溜まった洗濯物、返信していない同窓会の案内状、挫折した資格の参考書、子供の入塾パンフレット……。

「やりかけの何か」を思い出すたびに、あなたの「脳のＣＰＵ」は、蝕《むしば》まれていきます。

なので、手っ取り早く集中したいのなら、

メモ用紙に、やらなきゃいけないことを書き出しましょう。

そして、机の上のものを

バーーーッと片づけてください。

これで未完了なタスクやモノが視界から消えます。適切な保管場所とスマホのリマインダー機能があれば、いったん視界から消してしまってＯＫです。目の前のタスクだけに集中できる環境を、片づけで構築しましょう。

ワンモア
アドバイス

未完了のタスクやモノを片づけてしまうのは、最初はちょっと抵抗があるもの。でも、メモ用紙やリマインドツールに書き出して、タスクを一元管理しておけば、モノ自体は片づけても記録として残るので安心です。

［速攻片づけ②］

Method 03

写真で「邪魔なモノ」を客観視する

作業時間 15 min

生活のなかで感じる小さなストレスは、自分ではなかなか気づかないもの。たとえば、玄関に段ボール箱が置いてあったとします。それを「つらい」とは感じなくても、いちいち「ヨイショ」と避《よ》けて通るムダが発生しています。

無意識のうちにストレスになっている「邪魔なモノ」は、その都度取り除いておきたいものです。

そこでまずやってほしいのが、**「写真を撮ること」**です。

辛口な友人や、整理収納アドバイザーを家に招くというのも良い方法ですが、もっと手軽に、写真で自分の部屋を客観視しましょう。

やり方は簡単。

デスクの上や部屋の写真をひたすら撮るだけです。

ポイントは、デスクの上や部屋全体を景色として撮るのではなく、**一つひとつのアイテムがしっかり写るくらいの距離で撮影すること。**引き出しや棚の扉は開けた状態で撮影します。

ただ、デスクの上だけならともかく、家全体の写真撮影となると、それだけで30分〜1時間くらいかかってしまいます。そこでまずは「在宅勤務の1日」を想定して、1日の生活動線の写真を中心に撮っていきましょう。

たとえば、

- **デスク周り**
- **洗面所**
- **キッチン**
- **ベッド周り**

また、部屋とキッチンをつなぐ「廊下」も日々通過する場所です。これらの写真を撮っていきます。

ワンモア
アドバイス

撮影の際に散らかりが気になっても、まずはそのままの状態で撮影してください。写真撮影が終わったら、PCやスマホに「自宅」フォルダを作って管理しましょう。自分が何を、どこにしまっていたかが、一覧で見られて便利です。

ありのまま撮影

カラーボックスの中

洗面所の棚

Method 04

「出しっ放し」は集中力の天敵！

作業時間 3 min

写真を撮影したら、次のチェックリストに取り組みましょう。いくつ当てはまりましたか？

□定位置がなく、出しっ放しになっているモノがある
□頻繁《ひんぱん》に使うモノよりも、滅多に使わないモノが、手前に置いてある
□今月一度も使っていないモノが写っている
□その場所では使わないモノが置いてある
□行動を妨げるモノがある（どけないと通れない。ほかのモノが取れないなど）
□毎日使うモノを取り出すのに、2アクション以上必要となる（扉を開ける、ケースを引き出す、などをそれぞれ1アクションと数える）

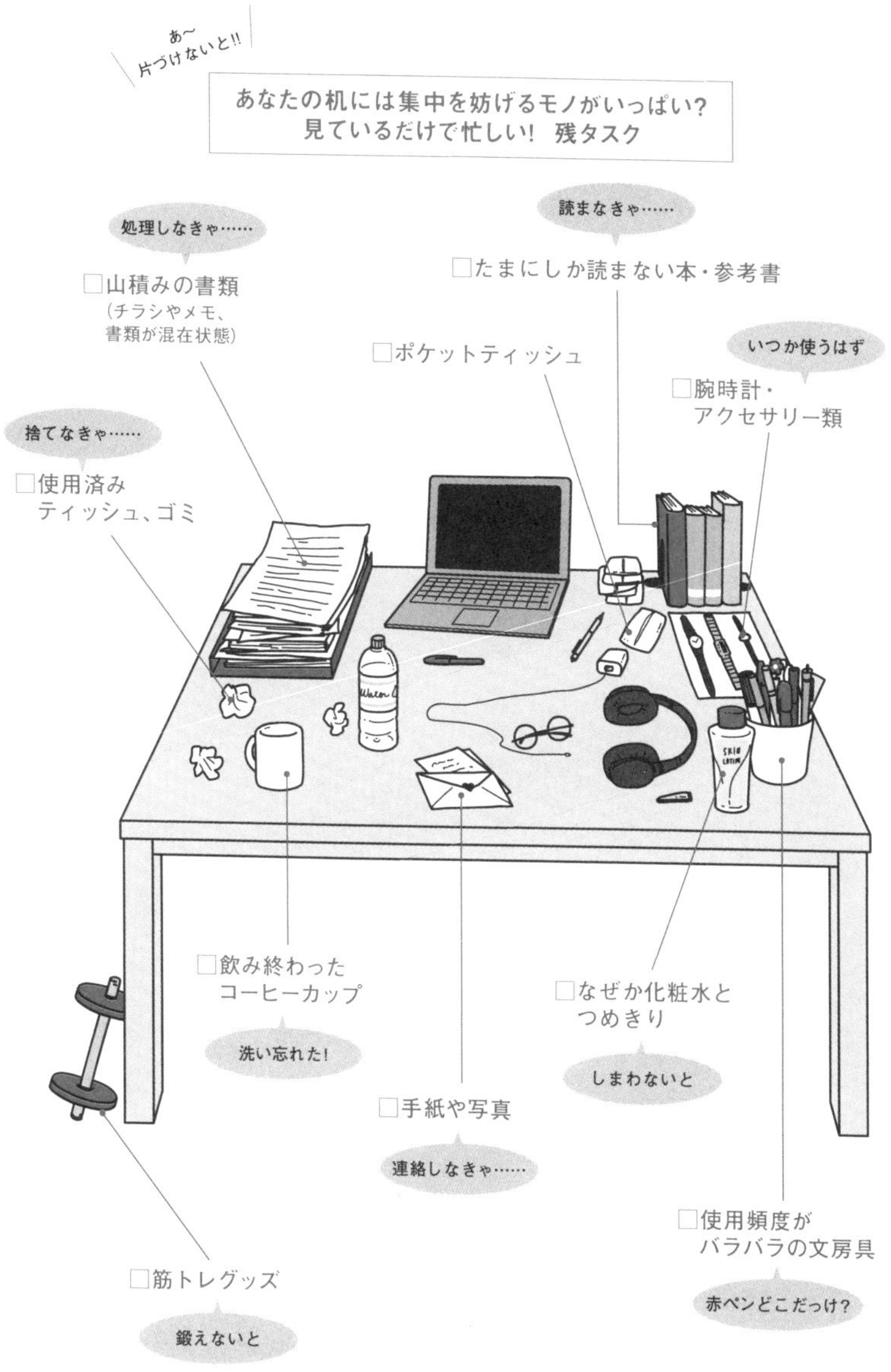
あ〜
片づけないと!!
あなたの机には集中を妨げるモノがいっぱい？
見ているだけで忙しい！ 残タスク
処理しなきゃ……
□山積みの書類
（チラシやメモ、
書類が混在状態）
読まなきゃ……
□たまにしか読まない本・参考書
□ポケットティッシュ
いつか使うはず
□腕時計・
アクセサリー類
捨てなきゃ……
□使用済み
ティッシュ、ゴミ
□飲み終わった
コーヒーカップ
洗い忘れた！
□なぜか化粧水と
つめきり
しまわないと
□手紙や写真
連絡しなきゃ……
□使用頻度が
バラバラの文房具
赤ペンどこだっけ？
□筋トレグッズ
鍛えないと

3つ以上当てはまったら要注意です。あなたのデスクや部屋の中は、このような「見ているだけで忙しく感じる」状態ではありませんか?

Evidence

残タスクの温床になっていないか

先ほども説明した通り、雑多なモノが目に入る状態では、集中力が低下し、作業効率は著しく落ちます。

マイクロソフトリサーチの研究でも、マルチタスクにより、集中力が40%減少することがわかっています(※)。

あなたも集中している作業の最中に上司から別の仕事を頼まれて、集中が途切れてしまった経験があるのではないでしょうか。

複数のタスクに優先順位をつけて、効率良くすすめられるダンドリ上手な方もいますが、そもそも集中している最中に別のタスクが割込まないようにすれば、優先順位に悩む心配はありません。

※「A Diary Study of Task Switching and Interruptions」Mary Czerwinski他・2004年

41ページのイラストを見てください。モノが散らかったデスクの上は、残タスクの温床です。

在宅勤務の場合は、オフィスにいるとき以上に、プライベート（家事や趣味、人づきあい）でのやり残しが頭に浮かんでしまいます。作業に使わないモノは、視界に入らないようにしましょう。

1日のなかで過ごす時間が長い場所が整理されていないと、効率の悪い状態で作業をすることになります。当然、生産性はダダ下がりです。勉強机やリビングテーブルなど滞在時間の長い場所にチェックが多くついた人は、早急に片づけに取り掛かってください。

ワンモア
アドバイス

「リモートワークはオンとオフの切り替えが難しい」と悩む方の多くが、仕事道具をオフの時間にも出しっ放しにしています。とくに食事と作業を同じテーブルで行なっている方は要注意。食事中、仕事の書類やＰＣが視界に入っていませんか？　作業終わりに片づけて、スイッチオフの合図にしましょう。

Method
05

デスクの上はデフォルトで「0《ゼロ》」にする

作業時間 10 min

では、理想的なデスクとはどういった状態でしょうか？

左の写真は、悪い例です。43ページのイラストと同様に、今日使うモノも、使わないモノも、ゴミも混ざったカオス状態で、必要なモノを探す手間がかかる効率の悪い状態です。

とくに、**「複数のカテゴリのモノが同一の空間にある」という点が、生産性をガクッと下げます。**複数のモノのうちから、その都度必要なモノを探すために、目と神経を使っています。これでは、1日に何度も「ウォーリーをさがせ！」をやっているようなものです。

上の写真も、悪い例です。前ページの写真よりは、ゴミが取り除かれ、作業に関連するカテゴリに絞られて、「良い状態」のように見えます。

しかし、そもそもデスクの上はモノを置く場所ではなく、作業をするスペースです。

巨大なデスクならともかく、モノを置けば置くほどデスクは狭くなります。この場合、**本や文房具も不要です**。デスクの上を一度0（ゼロ）にしてみましょう。

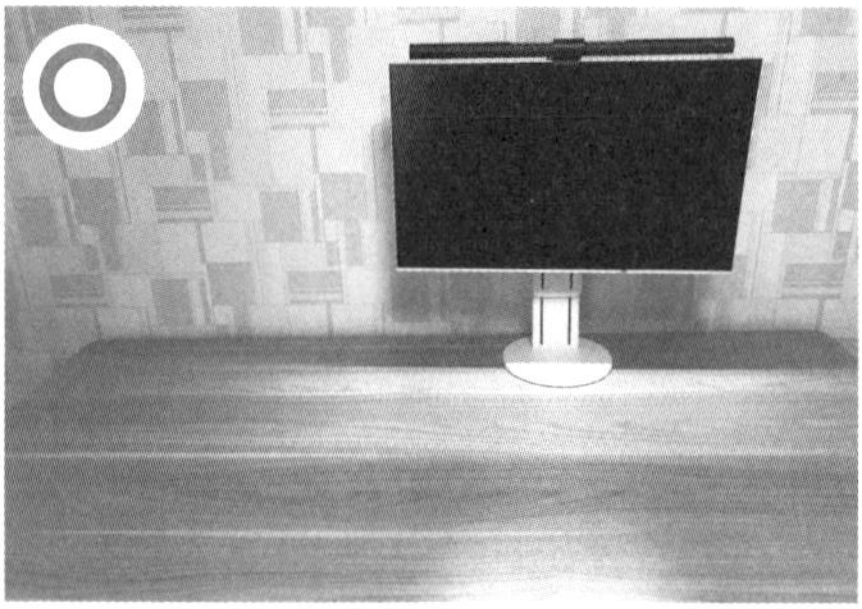

上の写真が、文字通り、モノの数がゼロの状態です。集中する理想の環境は、机上のモノがゼロであること。**「定位置がデスクの上」というモノは極力なくしましょう。**データとは異なり、モノには使用ログを正確に残せません。そのため、余計なモノの存在を見逃す可能性があります。

客観的に「使った・使っていない」を判断しやすくするために、片づけに着手する前にまず写真を撮る。そして、写真を見ながら「このゴミは捨てよう」「これは使ってないから処分しよう」などと判断しましょう。

ワンモア
アドバイス

作業用デスクがなく、テーブルで仕事をする方もこのルールを徹底してください。テーブル塩や醤油の小瓶を視界に入れる必要はありません。出しっ放しの書類に囲まれて食事をとるのも不健康です。作業前にテーブルを「ゼロ」状態に戻し、集中力のスイッチをオンにしましょう。

［デスクの簡単整理②］

Method
06

デスク周りの週間在庫回転率を「1以上」にする

作業時間 5 min

次に、デスク周りに取り掛かりましょう。

「デスク周り」とは、デスクを中心に、半径1メートル（＝大股で1歩程度）の範囲を指します。そこに写っているモノのうち、「今週1回も使っていない」モノは、何個ありますか？

多すぎて数えられないという方……、その状態、**非効率**です！

流通業などで用いられる「在庫回転率」は、「対象期間中に、在庫商品が何回転したか」を示す指標です。これを片づけにも応用してみます。

デスク周りに置かれるモノの1週間あたりの使用頻度、つまり在庫回転率は「1以上」にしましょう。

「すべてのモノの在庫回転率を測定するなんて、面倒くさいよ……」なんて思った方も、安心してください。

週に1回以上使うモノしか、デスク周りには置かない。

このルールだけ守ればいいのです。

下の写真の通り、机の上には何もなく、週に一度以上使うモノだけを、机の周りに置きます（写真青枠の中）。

前項では「デスクの上はデフォルトで『0』にする」とお話ししましたが、それを実現するには、デスク周りに置くカラーボックスが必要不可欠です（オフィスであれば、机の下の引き出しを活用してください）。

そして、**在庫回転率が1以上のPC周辺機器・書類・文房具といった作業道具は、デスクの上ではなく、カラーボックス（引き出し）に、使用頻度別に定位置を決めましょう。**

こうすれば、作業開始と同時に、必要なモノをデスクの上に取り出せて、作業終了時

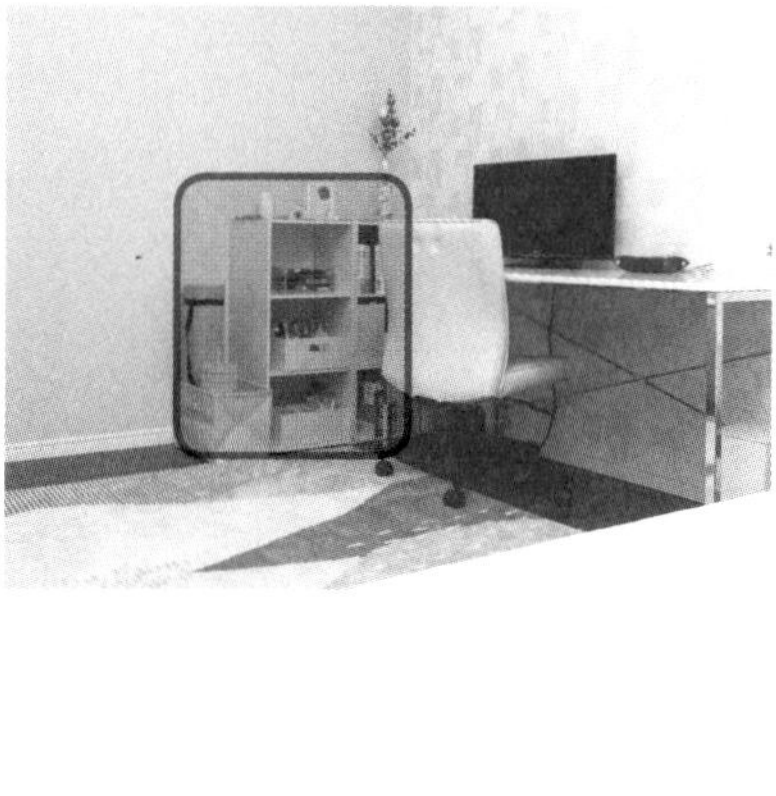

には定位置に素早く戻すことができます。

障害物が少ないほど、速く走れる

ここで、在庫回転率を高めることによる効果についてもふれておきましょう。

「使わないモノが使うモノの手前にある状態」は、50m走の途中にハードルが立っているようなものです。ハードルが2本、3本と増えていくと、ゴールに到達するまでの時間が長くなるだけでなく、走ることすら面倒に感じてしまうこともあります。

たくさんのモノの中から、1つのモノを選ぶのには、目と神経を使います。デスク周りに、使わないモノやゴミが散らばっていたら、作業スピードは減速せざるをえません。

かといって、デスク周りにモノがまったくない状態も、逆に

モノは作業の「障害」になる

ムダな移動が増えて非効率です。作業中に鼻をかんで、ゴミ箱が近くになければ、席を立ってゴミ箱に向かうあいだに作業が中断されます。この場合、使用頻度が高いゴミ箱をデスク近くに配置すればいいのです。

男性の腕の長さは73㎝、女性は67㎝が平均とされています。必要なモノを1m（100㎝）以内に配置すれば、手を伸ばすか、軽く腰をあげるだけで使えるので、作業が中断されませんよね。

頻繁に使うモノは、半径1m以内に置く。

これだけの工夫で、デスクでの作業は、驚くほど心地よくなります。

ワンモア
アドバイス

洋服を衣替えするように、カラーボックスなど、デスク周りも定期的に衣替えをしましょう。終わったプロジェクトの書類や、最近使っていないガジェット（小型の電子機器）などを、デスク周りに置きっ放しにしていませんか？月1回、月末のタイミングで、今月一度も使わなかったモノがないか、点検しましょう。

［デスクの簡単整理③］

Method
07

あえてモノを置いてもいい

作業時間 4 min

片づけが苦手な方のなかには、

「少し散らかっているくらいのほうがリラックスできて良い」

と言う方もいます。

これまでの話と少し矛盾するようですが、「綺麗すぎると落ち着かない」というのも、科学的に正しいようです。

Evidence

「居住空間の散らかり度合いとストレスの関係についての研究」（東京大学大学院新領域創成科学研究科　千島大樹・二瓶美里・鎌田実・２０１８年）によれば、ほどよく散らかっていたほうが、ストレスは小さくなるそうです。

この実験では、６畳の「散らかった部屋」と「整理された部屋」にそれぞれ入った若年健常者の唾液アミラーゼ増

モノが少なすぎてもストレスになる

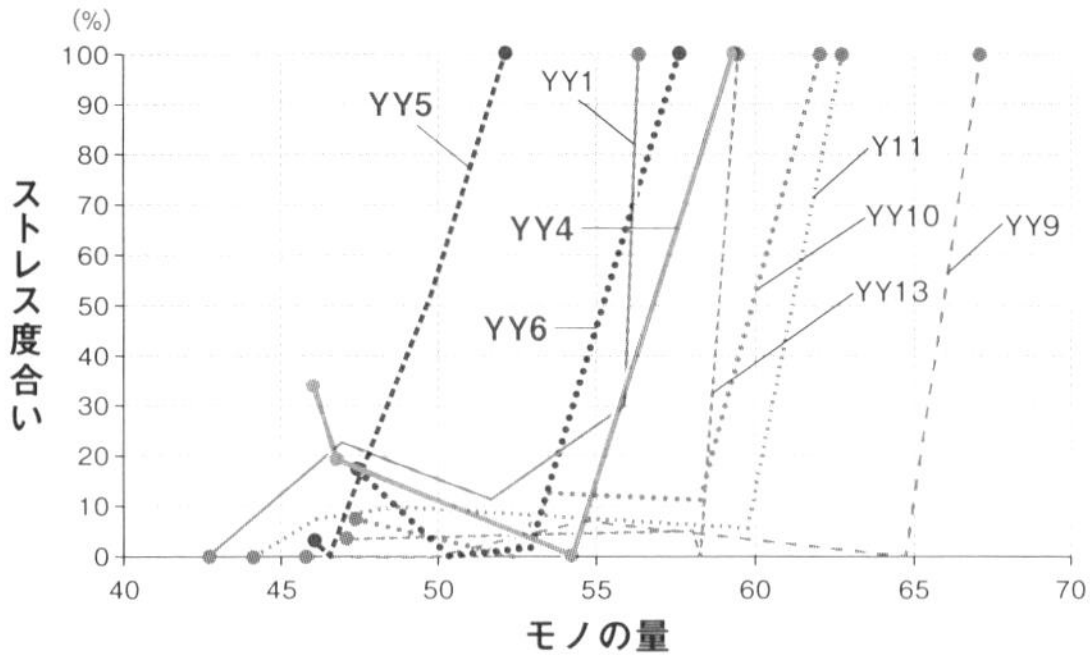

「居住空間の散らかり度合いとストレスの関係についての研究（図4.アミラーゼ増加率とAoGの関係）」をもとに作成

加率を調べて、ストレス度合いを測定しました。部屋の散らかり度合いは5段階用意され、各部屋の滞在時間は35分間です。

上図が結果を示すグラフです。横軸が「モノの量（右にいくほど散らかっている）」、縦軸が「ストレス度合い（上にいくほどイライラしている）」となります。

全体的な傾向としては「散らかれば散らかるほど、ストレスは高まる」のですが、**ストレスが高まるモノの量には個人差があることがわかります**。モノの量が少しでも増えると一気にストレスを感じる敏感な人もいれば、部屋がモノであふれるまでストレスを感じない鈍感な人もいます。また、一部の人（3

人＝グラフ青線）は、モノが少なすぎる部屋ではむしろストレス度合いが高いのです。

あなたはビジネスホテルを利用したとき、「スッキリしていて気持ちよい」と感じるでしょうか？　それとも「味気なくて落ち着かない」と感じるでしょうか？

育った家庭環境や性格にもよりますが、「モノを最小限に絞ったミニマリスト状態」よりも、**「多少モノが出しっ放しの状態」のほうが心地よく感じる方もいます。**

ゼロの状態から植物やぬいぐるみを足す

そうはいっても、「ほどよく片づけて、ほどよく散らかっている」という状態を維持するのはそうとう難しいです。ほどよく散らかしたつもりでも、出しっ放しのモノが「未完了のタスク」を想起させたり、不安を煽《あお》ってしまうと、結果的に集中力は阻害されてしまいます。

「綺麗すぎると落ち着かない」というタイプの方は、

①ひとまず、「作業に関係のないモノ」をすべて視界から消す

②インテリアグッズを足していく

という2段階で進めていきましょう。

まずは本書のステップ通りに、作業する机の上をゼロの状態にする。そして、片づけが完了したら、植物やぬいぐるみなどのインテリアグッズを足し算してみてください。

ワンモア
アドバイス

クリエイティブな作業をする際には、作業と関連するアイテムを机の上に置くと、想像力が掻き立てられます。私も執筆作業時は、テーマと関連する書籍や写真をあえて机の上に積んだり、マスキングテープや蛍光ペンをずらっと並べたりして、テンションを高めています。

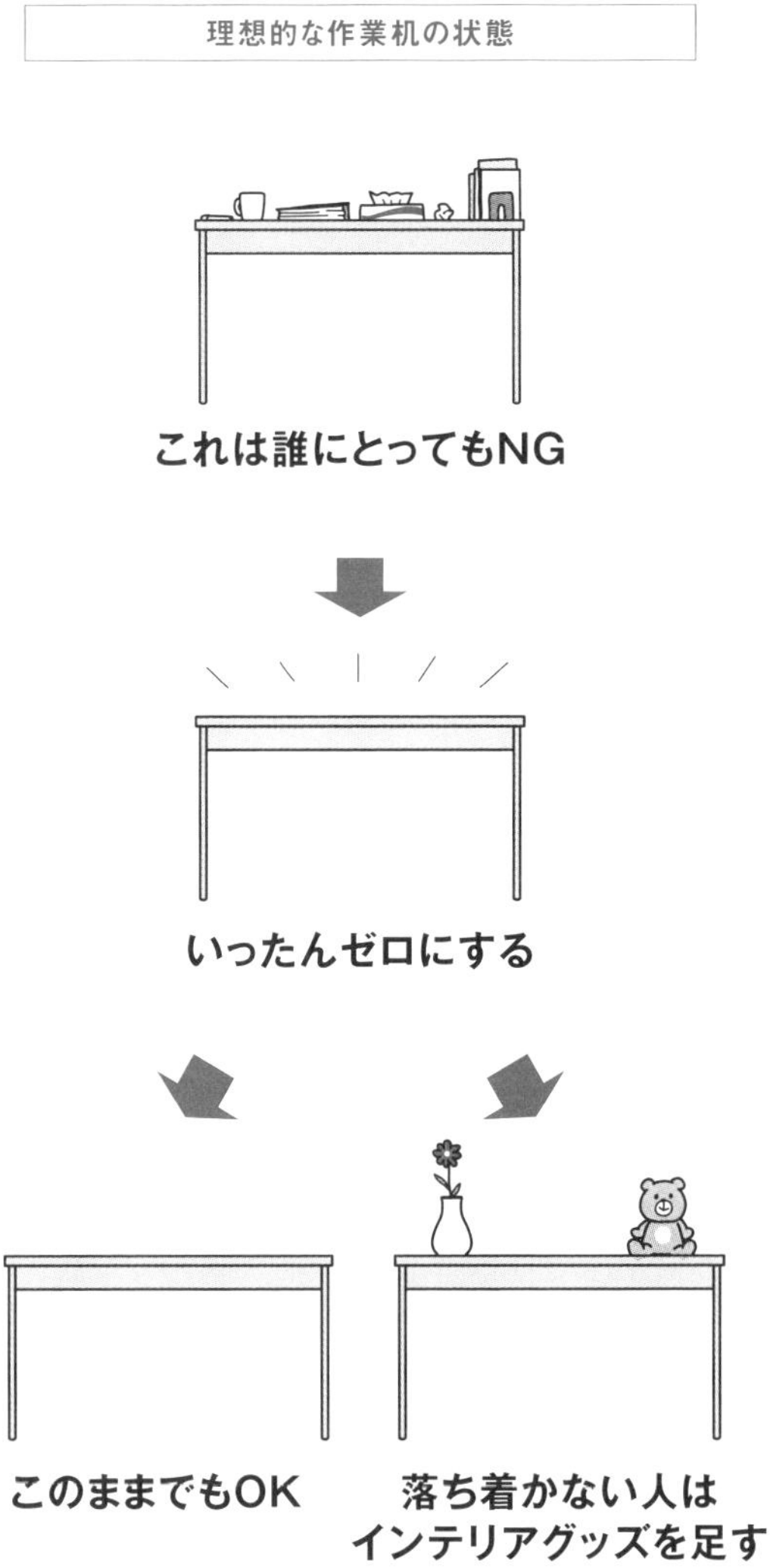
理想的な作業机の状態
これは誰にとってもNG
いったんゼロにする
このままでもOK
落ち着かない人は
インテリアグッズを足す

Method
08

「整理」と「収納」は短時間でこまめにやる

読了時間 2 min

「片づけをしよう！」と思い立ち、休日を潰して作業に取り掛かっても、1日ですべてを終わらせるのはなかなか大変です。

片づけは筋トレと同じで、長時間かけて一気に行なうよりも、短時間でこまめに繰り返して片づいた状態をキープしましょう。

まず、片づけを大きく3つの作業に分類します。

- **整理（一つひとつのモノを所有する意味を定義する）**
- **収納（モノを使いやすい状態に配置する）**
- **整頓（使い終わったモノを定位置に戻す）**

次にそれぞれの作業に対し、「時間ルール」を設定します。

①「整理＋収納」で、30分1セット（休日など、時間に余裕があるときに行なう）
②「整頓」は毎日5分だけ

このルールを守るようにすればいいのです。

家全体を片づけるには、平均すると20～30時間かかると言われています。一日で片づけようと思っても、それは至難の業でしょう。

そこで、**「整理＋収納」を、30分1セットで、無理なくできる回数だけ繰り返します。**

筋トレメニューのように、まずは1セットをこなし、余裕がある日は2セット、3セットと増やしていきましょう。何セットか繰り返して、「モノの定位置がしっくりくるな」と感じるようになれば、そこで「整理＋収納」はクリアです。

片づけが苦手な人ほど、「整理＋収納」のステップを飛ばして、出ているモノをとり

片づけと筋トレは似ている

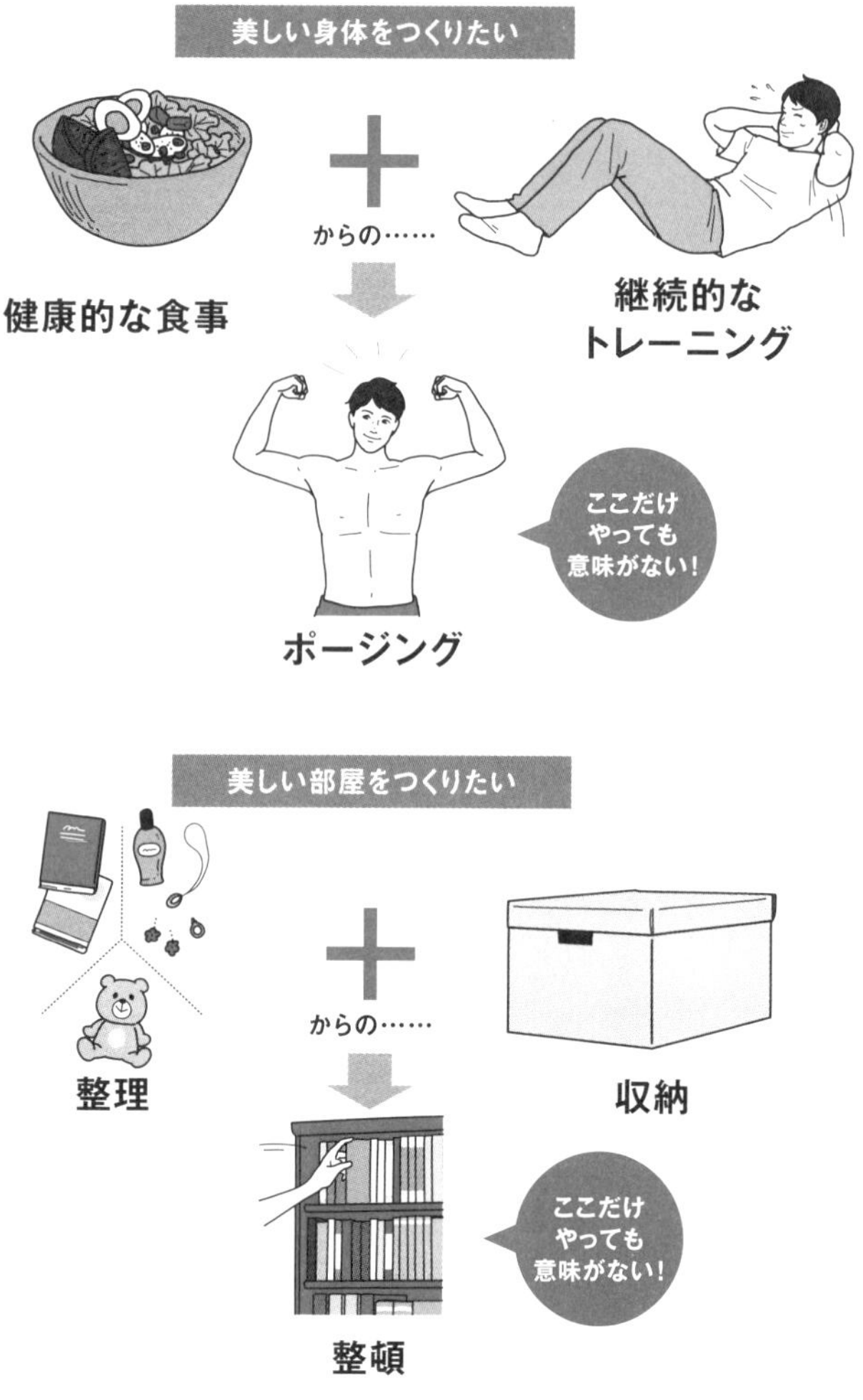

あえず奥にしまう「整頓」の作業から手をつけてしまいがちです。モノの定位置が定まらない状態で整頓を繰り返しても、モノを取り出すたびに元に戻せなくなり、すぐにリバウンドしてしまいます。

これでは時間のムダ。少し大変ですが、まずは休日などを使って、「整理＋収納」にじっくり取り組み、焦らずコツコツ継続してください！

「整理＋収納」をやり遂げれば、「整頓」は1日5分以内で、無理なく完璧にこなせるようになります。

「整頓」の具体的なメソッドは62ページから、「整頓」については次項で詳しく説明します。

ワンモア
アドバイス

部屋が片づかない原因の9割が、整理にあります。収納と整頓は、スキルがなくても誰でもできます。整理→収納→整頓の順に取り組まないと、リバウンドの原因になるので、注意してください。

Method
09

整頓は毎日5分以内！

作業時間 5 min

「机の上のゴミを片づけていたら、ごちゃごちゃの本棚や文具入れも気になって、いつのまにか何時間も片づけをしていた……」という経験が、あなたにもあるかもしれません。

このような「何時間もかけて一気に片づける」方法をとっていると、片づけへの心理的なハードルが上がり、定期的な習慣として身につきません。

仕事が忙しい人は、**「平日は5分以上、片づけをしない」**とルールを決めましょう。そして「整理＋収納」には手をつけず、あくまで「整頓」。使ったモノを元の場所に戻すことだけに専念しましょう。

そのぶん、休日には「整理＋収納」を、30分1セットで複数回こなしていきます。どんなに忙しい方でも、洗濯機を回したり、宅急便を待つあいだなど、「30分間」の時間は意識すれば確保できます。

Evidence

ここで欲張って長時間続けるのは禁物です。**人が1日に判断できる回数は上限が決まっている**と言われています。スティーブ・ジョブズやオバマ元米大統領が、本質的な意思決定に集中するために、着る服の種類を制限していたのは有名な話です。

片づけのうち、とくに「整理」は、思考力・決断力を要する作業。私が片づけをコンサルティングしたクライアントさんは皆さん、集中して2時間取り組むと、ヘトヘトになっていました。

1日中筋トレしても、ひどい筋肉痛に襲われるだけで、効果はそれほど上がりません。脳疲労で翌日のパフォーマンスを落とさないためにも、休日には1セット30分、1日最大4セットを上限に、平日には1日5分以内の整頓で、無理なく続けていきましょう。

ワンモア アドバイス

「整理＋収納」は、最初は時間がかかっても、だんだん効率よく行なえるようになります。アラームやストップウォッチを30分にセットしてから、片づけに取り組みましょう。

Method 10

「出す→分ける→決める→戻す」をひたすら繰り返す

作業時間 1セット 30 min

「はじめに」でもふれましたが、「整理＋収納」に取り掛かるにあたって、1つ忠告があります。

片づけに、劇的なビフォー・アフターを求めるのはやめましょう。

テレビ番組のお掃除企画などを見ていると、一瞬で部屋が綺麗になるような錯覚を覚えます。

しかし、普通の人はそんなにうまくいきません。片づけの基本は、1つずつ丁寧に淡々と繰り返していくこと。気づいた頃には、仕事や勉強に集中できる部屋が完成します。一日で劇的な変化を求めてはいけません。

さて、どの場所のアイテムを片づけるときも、次のフローだけ意識してください。

①全部出す
②頻度別に分ける
③定位置を決める
④使ったら戻す

拍子抜けしたかもしれませんが、基本はこれだけです。

でも、**このフローを意識するだけで、どんな部屋でも絶対に片づきます。**

逆に、たとえば①の「全部出す」の作業を省略して、見栄えだけ部屋を整えても、数日間ですぐにリバウンドしてしまうでしょう。

基本のフローの感覚をつかみたい場合は、財布で練習してみてください（整理収納アドバイザー1級テキストの第1章にも、財布の片づけが出てきます）。

財布を片づけるフロー

①財布の中身を机の上に一度**全部出す**
②クレジットカードやポイントカードなどを使う**頻度別に分ける**
③どこに配置すれば最適かを考え、**定位置を決める**
（よく使うモノほど財布のポケットの取り出しやすい場所に。あまり使わないモノは財布以外の場所で保管）
④買い物などでカードを使ったら、財布の**定位置に戻す**

まずは休日に、次ページのような一連のフローに沿って、作業するデスクを片づけてみましょう。

その翌週の休日は洗面所、さらに翌週の休日はキッチンといったように、頻繁に使う場所から順に1か所ずつ、スタンプラリーのように片づけのフローを流していけばいいのです。

何度も言うようですが、短期集中で、見栄え重視の片づけでは、数日で元に戻ってしまいます。一見地味なやり方でも、1セット30分、毎週末こまめにこなしてみてください。2か月ほど経てば、一生ものの片づいた部屋が完成します。

ワンモア
アドバイス

「出す・分ける・決める・戻す」と呪文を唱えるように呟《つぶや》きながら行なうと、次第に身についてきます。ちょっと恥ずかしいですが、やってみる価値ありです。

Method
11

データを整理するように片づける

読了時間 4 min

第1章の最後に、本書の目標を再確認しておきましょう。
あれもこれもと理想が上がると、いつまで経っても片づけは終わりません。

本書では、目標を**「自宅作業の集中力を高める」**という1点に絞っています。仕事や勉強など、自分が集中したい作業を1つ思い浮かべながら、その効率化をサポートする部屋を設計していきます。

じつは、集中力を高める部屋をつくるには、「コツ」があります。
あなたの部屋を、データを整理するように片づければいいのです。

Evidence

トヨタ式「5S（整理・整頓・清掃・清潔・躾《しつけ》）」に代表されるように、職場がどれだけ整理整頓されているかによって、その組織の生産性は変わります。

皆さんの職場でも、PC上のデータやキャビネットの書類を整理する社内ルールが設けられていたり、スタッフを雇って管理したりしているのではないでしょうか。

誰が見ても、どこに何があるかよくわかる。みんな忙しそうに働いているのに、つねにオフィスが片づいている。そんな状態こそが、「生産性の高い職場」と呼べるのです。

個人の部屋も基本は同じです。本書の片づけメソッドでは、**まるでPC上のデータを整理するかのように、部屋を片づけていきます。**

キーワードは次の3つです。

①「アーカイブ（一時保存）」、②「シンプル（引き算）」、③「シェア（共有）」です。

1つずつ見ていきましょう。

【STEP1】「アーカイブ」すれば整理はラクチン

まず、「アーカイブ」とは、主に書類や電子データの整理に使う言葉です。**「すぐに使う予定はないけれど消したくないデータを、専用の保存領域に移し、保管すること」**を意味します。

たとえば、Gmailの受信トレイを整理したいとき、メール自体は削除をせずに、重要度・緊急度の低いメールを横にスワイプして、アーカイブ（一時保存）します。日頃使うフォルダ上では「見えない」ようにしながら、いざ必要になった際は「すべてのメール」を開いて、再度見ることができます。これと同じ要領で部屋を片づければいいのです。

部屋の片づけでは、多くの方が「仕分け」と「捨てる」を同時に行なおうとします。しかも両方を一度にやりきろうとするから、片づけがストレスフルなものとなり、挫折してしまうのです。

そこでデータと同じように、**「まずはモノを時系列にアーカイブする」「機会を改めて、捨てる」**。このように2段階に分けて行なえば、ストレスなくスピーディーに片づけを進めることができます。

「やっぱりあのTシャツは捨てたくない！」と後で思ったとしても、一時保存していればクローゼットに戻すことができます。その場で「捨てるか捨てないか」悩まなくていいので精神的にもかなりラクになるのではないでしょうか？

詳しくは第2章で解説します。

【STEP2】「シンプル」な部屋づくりは「引き算」思考で

次に、「シンプル」、それを実現するのが「引き算」です。

部屋の片づけは、邪魔なモノを視界から消していく「引き算」思考で行なうと、驚くほど早く片づきます。

部屋の中のモノを減らせば、何も考えなくても綺麗をキープできる部屋が手に入ります。リバウンドも防げます。

インテリアにこだわるのは、部屋が片づいた後。部屋が片づいていないのに収納グッズを買うのもNGです。基本は、「シンプル・イズ・ベスト」。日頃忙しい方ほど、「思考停止状態でもモノを出し入れできる」シンプルな部屋を目指していきましょう。

詳しくは、第3章で解説します。

【STEP3】捨てられなければ「シェア」すればいい

最後に、「シェア」です。

限られた空間を効率的に使うには、置かれたモノの「稼働率を高める」ことが最も重要です。

日本の都市部の家は、年々、狭小化しています。世界的に見ても、私たちが住む部屋は狭すぎるのですから、モノが収まりきらないのも当然です。たいていの人は、今月使うモノを置くだけでも、部屋のキャパシティは半分以上、埋まってしまうでしょう。

そこで、どうしても所有し続けたいバッグや電化製品はトランクルームなどに預ける。現物を残す必要のない本や資料はデータ化する。会社や地域で活用できるなら寄付し、友人や同僚が使えそうなら譲る。ブランド品は売る。

「捨てる・部屋に残す」の２択ではなく、モノに多様な出口を設けるのです。

そして、**今月は使わないけれど捨てられないモノは、シェアしましょう。**

詳しくは第４章で解説します。

冒頭で申し上げた通り、片づけは、精神論ではありません。

また、毎日忙しいのに、片づけにばかり時間をかけるのもナンセンスです。

「片づけられない性格」というのは存在せず、一般的なビジネスでの業務と同様、マニュアル通りに淡々と進めれば、誰でも同じように短時間で効果を得られます。

「アーカイブ」「シンプル」「シェア」の3つを意識することで、サクサクと部屋は片づいていきます。

次章からは、この3つのステップを実践するうえでのポイントを、具体的にお話ししていきます。

ワンモア
アドバイス

インテリア雑誌よりも、片づけの参考になるのが「オフィス」です。あなたの勤務先や取り引き先によく整理されたオフィス環境があれば、ぜひじっくり観察してみてください。綺麗な職場は、「アーカイブ・引き算・シェア」の3点が徹底されているはずです。オフィス以外でも、物流センターや小売店舗など、あらゆる職場が整理のお手本になります。

第2章

よく使うモノほど近くに置く

——使用頻度で分ける整理＋収納法

アーカイブしたモノは、ジャンル別に
整理するべきだと思ってませんか？
じつは、時系列に振り分けると、
散らかりにくく、リバウンドも防げます。
本章では「日次・週次・月次・年次」の
4つのフォルダで整理する方法をお伝えします。

Method 12 「整理」は、捨てるのではなく、分ける

作業時間 10 min

モノの整理のハードルを下げるコツは、まず**「アーカイブ（一時保存）」すること**です。

言い換えれば、**「データを整理するように、モノを整理する」**。

モノを整理するとき、多くの方がゴミ袋を手に持ち、瞬時に「残す」「捨てる」を判断しようとします。捨てた後に手元からモノが消えるため、細心の注意を払ってモノを捨てていきますが、この意思決定はなかなかストレスフルです。

一方データは、多くの場合、瞬時に「残す」「捨てる」の判断をする必要がありません。いま使わないデータは、捨てずにアーカイブして残しておき、データ容量が許す限り、フォルダ内で眠らせることができます。必要になれば、フォルダから取り出せばいいのです。

つまり、データを一時保存する要領で、モノを捨てずに「フォルダ」に分類してアーカイブします。分類の際の「ルール」を決めれば、捨てようか、残そうか、いちいち決断しなくて済むので、精神的にも体力的にも負担がなくなります。

4つのフォルダに振り分ける

早速、家にあるモノを分類しましょう。

モノを分類しやすくするコツは、「使用頻度」の軸でフォルダをつくること。使用頻度別のフォルダをつくれは、分類がグッとラクになり片づけが捗ります。

私がオススメするフォルダは次の4つです。

①日次フォルダ（今日使ったモノ）
②週次フォルダ（1週間以内に使ったモノ）

③月次フォルダ（1か月以内に使ったモノ）
④年次フォルダ（1年以内に使ったモノ）

このように、使用頻度でモノを分けていきます。

前述したように、片づけの基本は「**全部出し**」です。
会社の書類整理でも、「何の書類か？」を把握できていなければ、正しくファイリングできませんよね。自宅の片づけも同じです。デスクでの作業にまつわるモノをすべて把握するため、まずは1箇所にかき集めましょう。

自宅のさまざまな場所に点在する、書類・ガジェット・文房具・本など、作業に必要なアイテムを、段ボール箱（または紙袋）に放り込んでください。

次に、集めたアイテムを1点ずつ手に取り、日次、週次、月次、年次という4つの時系列フォルダに分けていきます。

分類の基準は、「直近でいつ、そのモノを使ったか」です。「今日使ったモノ」は①日次フォルダ、「今週使ったモノ」は②週次フォルダです。

捨てるか捨てないかを判断するのは、いったん後回し。直近の使用実績をベースに、主観を交えず、淡々とモノを仕分けましょう。

モノを分類する手順

1年以上使っていないモノや思い出のアイテムは「保留（迷い中フォルダへ）」

4つのフォルダに当てはまらないもの（1年以上使っていないモノ）は、「保留＝迷い中フォルダ」の箱に詰めてください。 ぬいぐるみや写真立ては、「使う」という観点では4つのフォルダのいずれにも当てはまらないので、いったん「迷い中フォルダ」に入れます。「迷い中フォルダ」の整理法については104ページをご参照ください。

フォルダ分けが完了したら、モノの定位置を決めていきます。

基本は、優先順位の高いほうから、**日次フォルダ→週次フォルダ→月次フォルダ→年次フォルダ→迷い中フォルダの順で家の中に置く場所を設定します。**

次項から1つずつ、見ていきましょう。

ワンモア
アドバイス

ほかにも、ずっと読めていない参考書など、「使いたいけど実際には使っていないモノ」も「迷い中フォルダ」に分類します。未来の「使いたい」ではなく、直近で実際に「使ったかどうか」で、事実に基づき判断しましょう。

［日次フォルダのルール］

Method
13

「毎日使うモノ」の収納法

読了時間 4 min

あなたの部屋で、「通勤カバン」「リモコン」「眼鏡」の定位置はどこでしょう？

机やソファーに、なんとなく置きっ放し……それ、**非効率**です！

毎日使うモノには、最も出し入れのしやすい定位置を与えてください。

毎日使うペンや手帳を、机の上に出しっ放しにする方は多いです。しかし、毎日使うモノを定位置に戻せるかどうかで、その部屋の印象は大きく変わります。出しっ放しのモノが多いと、生活感がにじみ出てしまい、散らかって見えます。

「毎日、出したモノをきちんと片づける、几帳面な性格になりましょう」と言いたいのではありません。ムダな手間をかけたくないのなら、出しっ放しにするよりもラクチンな場所に定位置を決めればいいだけのこと。

毎日使うモノは、使う場所のすぐ近くに収納しましょう。

デスクで毎日使うモノなら、デスク周り（半径1m以内）に置きます。

収納場所を決める際は、「ハンディーゾーン」（次ページ参照）を意識しましょう。

デスクに座った状態で手を真横に伸ばした位置が、毎日使うモノを置くのに最適な場所です。ハンディーゾーンには毎日使うモノだけを置くようにすると、出し入れが格段に楽になります。

わが家のデスク横で活躍する、カラーボックスの配置を紹介します。

デスクに座った際、1段目がハンディーゾーンになるため、

- **1段目＝毎日使うモノ**
- **2、3段目＝毎週使うモノ**

毎日&毎週使うモノの収納例（カラーボックスを使うケース）

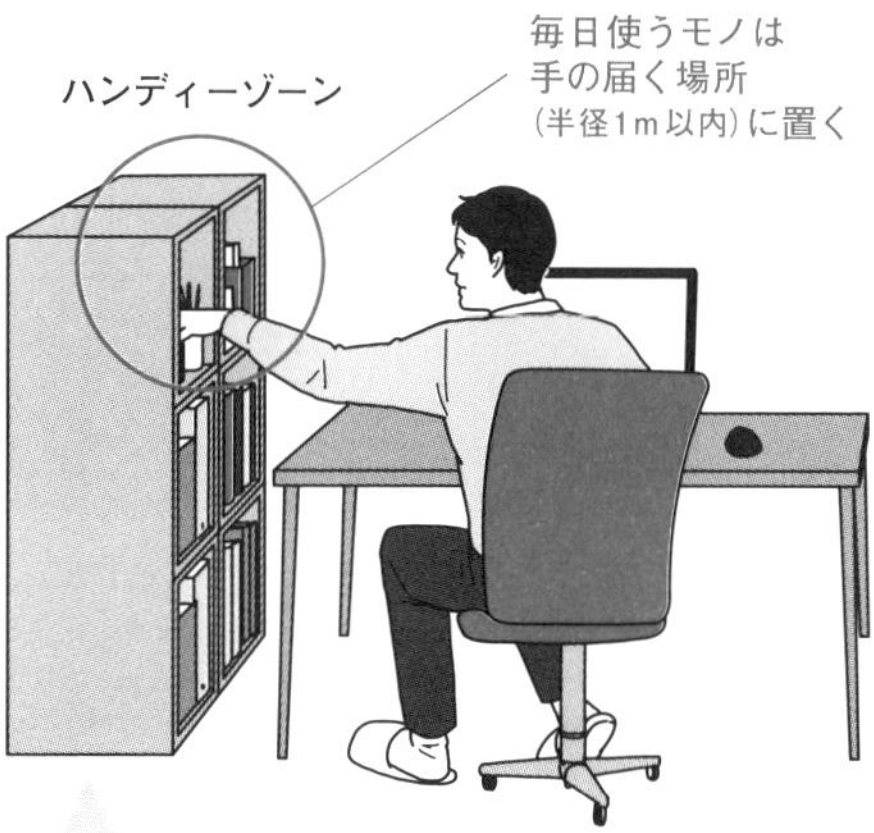

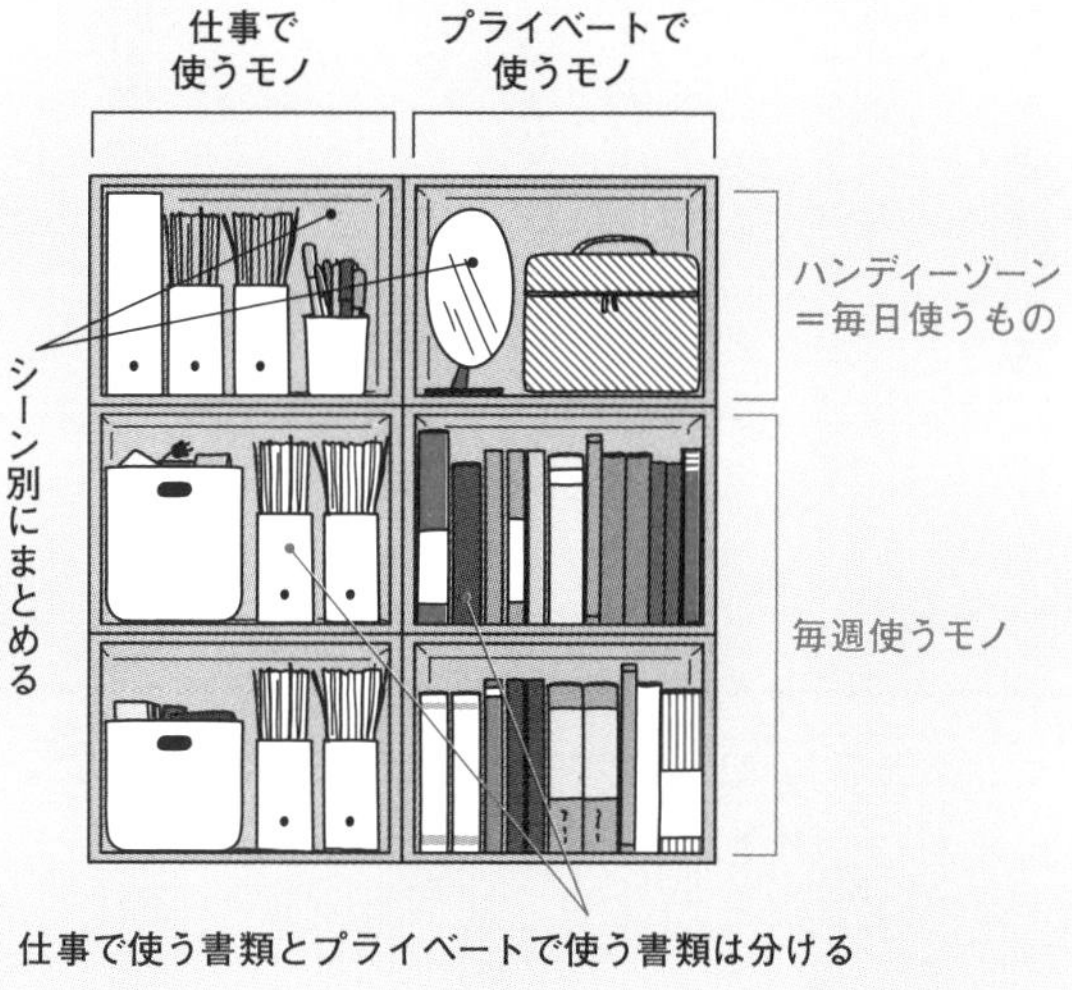

を収納しています。デスクでは仕事・勉強だけでなく、化粧・スキンケアも行なうので、毎日使うミラーと化粧道具は1段目にまとめています。

大きめのカゴやケースにザクッと戻す

毎日使うモノを収納する際には、いくつかのポイントがあります。

一つは、**出し入れしやすいケースなどに、立てて収納すること。**

かさばる書類はクリアファイルに入れて、下のイラストのようなファイルケースに立てて入れる。

PCやコードもファイルケースに入れるとスッキリ収まります。

もう一つのポイントが、**使うシーン別にグループ分けすること**です。

あなたのデスクの文房具入れを見てください。毎日使うペンと、めったに使わないホ

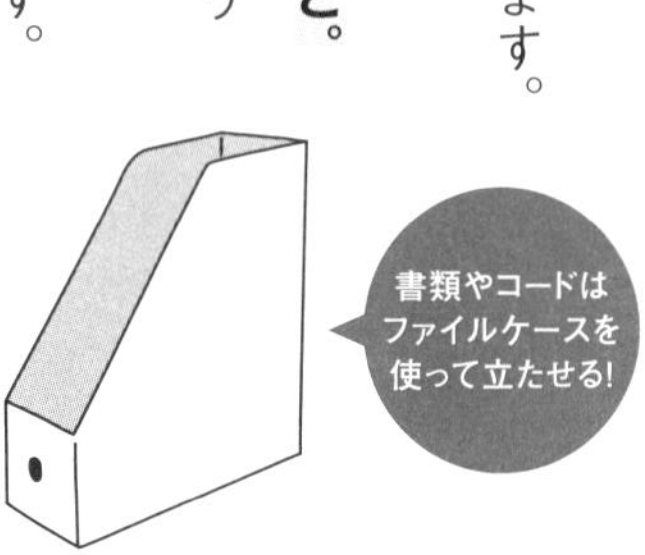

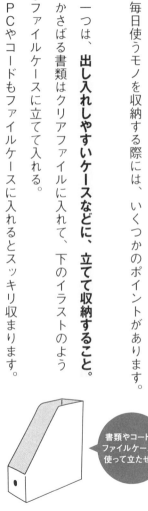

書類やコードは
ファイルケースを
使って立たせる!

チキスの芯が、同じ場所に並んでいませんか？　これだと必要なモノをすぐに取り出せません。

収納のグループは、「書類、文房具……」などとカテゴリでまとめるのではなく、「毎日使うモノ、今週使うモノ」「勉強するときに使うモノ、休憩のときに使うモノ」といったように、「利用頻度と利用シーン」を優先して決めましょう。

たとえば私は、毎日使うペンはデスク周り（未開封のペンの在庫はキッチンの「ストック品置き場」）だけでなく、玄関（荷物受け取り用）や冷蔵庫（食品ラベルを書く用）にも置いています。

もしデスク周りにしかペンを置いてなかったら、荷物を受け取る際にいちいちデスクまで取りに行かなくてはなりません。利用シーンを前提にモノを配置しておけば、手間やムダが省けます。

毎日使うモノの定位置を決めても、すぐに元に戻せなかった場合は、定位置の設定が悪い可能性が大です。

ずぼらな人ほど、ハンディーゾーンに置くモノの数を大胆に減らし、「大きめのカゴにザクッと戻す」など、簡単なアクションで出し入れできる設計に変更しましょう。床に出しっ放しにするのも、カゴの中に放り投げるのも、作業量としてはほぼ変わらないですよね。

ワンモア
アドバイス

引き出しの多い収納グッズを買いたくなった方は要注意です。引き出しやファイルなど「戻すまでのアクションの数」が増えると、戻すのが億劫《おっくう》になります。出しっ放しが癖になっている方は、幼稚園のオモチャ置き場のように、ポンっと投げ入れるだけで済む、簡単な収納に変えましょう。

［週次フォルダのルール］

Method
14

「毎週使うモノ」の収納法

読了時間 4 min

毎日使うモノの定位置が決まったら、次は「毎週使うモノ」です。

毎日使うモノと同じく、毎週使うモノも、使う場所のすぐ近くに置きます（81ページの図参照）。ただし、毎日使うモノとは混ぜないように注意しましょう。

あなたが小売店で働いているとします。毎日お客さんに渡すポイントカード置き場の山に、週に一度も渡さないギフトカードが混じっていたら、取り出すたびに見分けなくてはならず、不便ですよね。

同じ化粧品でも、毎日使うアイテムと、週末にのみ使うアイテムは、混在させるべきではありません。

また、作業中に手に取る参考書と休憩時に読む小説に分ける、平日に着る服と休日に着る服に分けるといったように、**利用シーンに合わせてグループ化することも忘れずに。「毎日使うモノ」と同様に、カテゴリで分けるのではなく、頻度・シーン別に分けましょう。**

そして、グループでまとめたモノは一緒の場所に置きます。私はお風呂で読書をする習慣があるので、お風呂のカゴに1～2冊本を置いています。

最初からうまく分類しなければ、と悩む必要はありません。まずは1週間、実験をしてみましょう。やり方は、「週次フォルダ」に分類したモノをいったん紙袋に入れ、使ったモノから順番に、カラーボックスに戻していきます。

1週間後、戻った場所がそのモノの最適な定位置です。週に1回も使わないモノは、「月次フォルダ」あるいは「年次フォルダ」に振り分けます。実際には月に1回程度しか使っていないにもかかわらず、「毎週使っている」と勘違いしているモノも多くあるので、この実験でシビアに利用頻度を確認できます。

毎日&毎週使うモノの収納例（洗面所の棚のケース）

×カテゴリで分ける

毎日使うモノと週に1、2度
使うモノが混在していて不便。
散らかりやすい。

○頻度・シーンで分ける

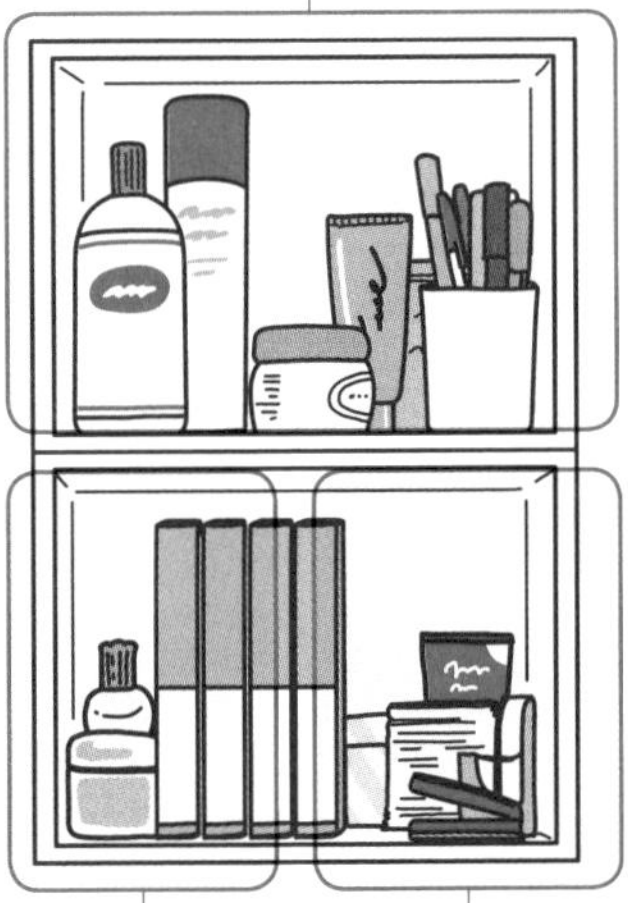

いつも使うものが一目でわかる!
散らかりにくい!

しまうスペースに「余白」を設ける

収納（定位置を決める）の際に意識してほしいのが、「余白」です。目安としては、**収納スペースの面積を10割としたとき、毎日使うモノは全体の7割、毎週使うモノは全体の8割を超えないよう、空きスペースを確保しましょう。**

ここで10割全部詰め込んでしまうと、手を差し込むスペースがないため、何かを出さないとモノの出し入れができなくなります。

人の手の厚みは約3㎝。最低限の隙間がないと、モノの出し入れが途端に面倒になり、ついついその辺に出しっ放しにしてしまうので、必ずリバウンドします。また、新しいモノを買ったりもらったりしたときにパンクしないためにも、つねに余白を設けておくことが必要なのです。

デスク周りの収納スペースは、日次フォルダ、週次フォルダのモノだけで、だいたい満杯になるはずです。

アイテムをしっかり吟味したけれど、この時点でまったく入りきらない、あるいは空きスペースがないという方は、デスク周りの収納容量が足りない可能性があります。

本棚やプラスチックケースなど、まずは自宅にある収納グッズを流用できないか、検討しましょう。本棚が満杯でも諦めないこと。閲覧頻度の低い本や漫画は、いったん段ボール箱に移し替えれば、空きスペースはつくれます。

ワンモア
アドバイス

「自宅に収納グッズがまったくない！」という方は、カラーボックスを1つ購入しましょう。大型の本棚や高価な書類棚は、この段階ではオススメできません。片づけが終わったタイミングで、インテリアを考慮して購入を検討できるよう、軽くて安価なタイプを選ぶこと。

わが家は1000円の、下のようなカラーボックスを使っています。デスク周りで御役御免となれば、押入れの仕切りにも使えるので便利です。

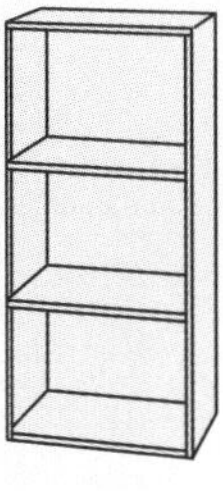

Method 15

「毎月使うモノ」の収納法

読了時間 4 min

毎日使うモノ、毎週使うモノの定位置が決まったので、次は「毎月使うモノ」の定位置を決めていきます。

毎日使うモノ、毎週使うモノは、「実際に使う場所」を意識して収納位置を決めましたが、**毎月使うモノに関しては、使う場所は意識しなくてOK**です。

職場でも、毎週使う書類はデスク周りに、それより閲覧頻度の低い書類は共有のキャビネットに、保管されていますよね。年数回しか見ない書類であれば、別フロアの書庫や外部の倉庫に、保管されているかもしれません。

月に一度しか使わないのであれば、手元に置いておく必要もありません。部屋の空いているスペースを活用すればいいのです。

ちなみに、わが家のレイアウトはこんな感じです。

毎月使うモノは部屋の空いているスペースに配置する（著者のケース）

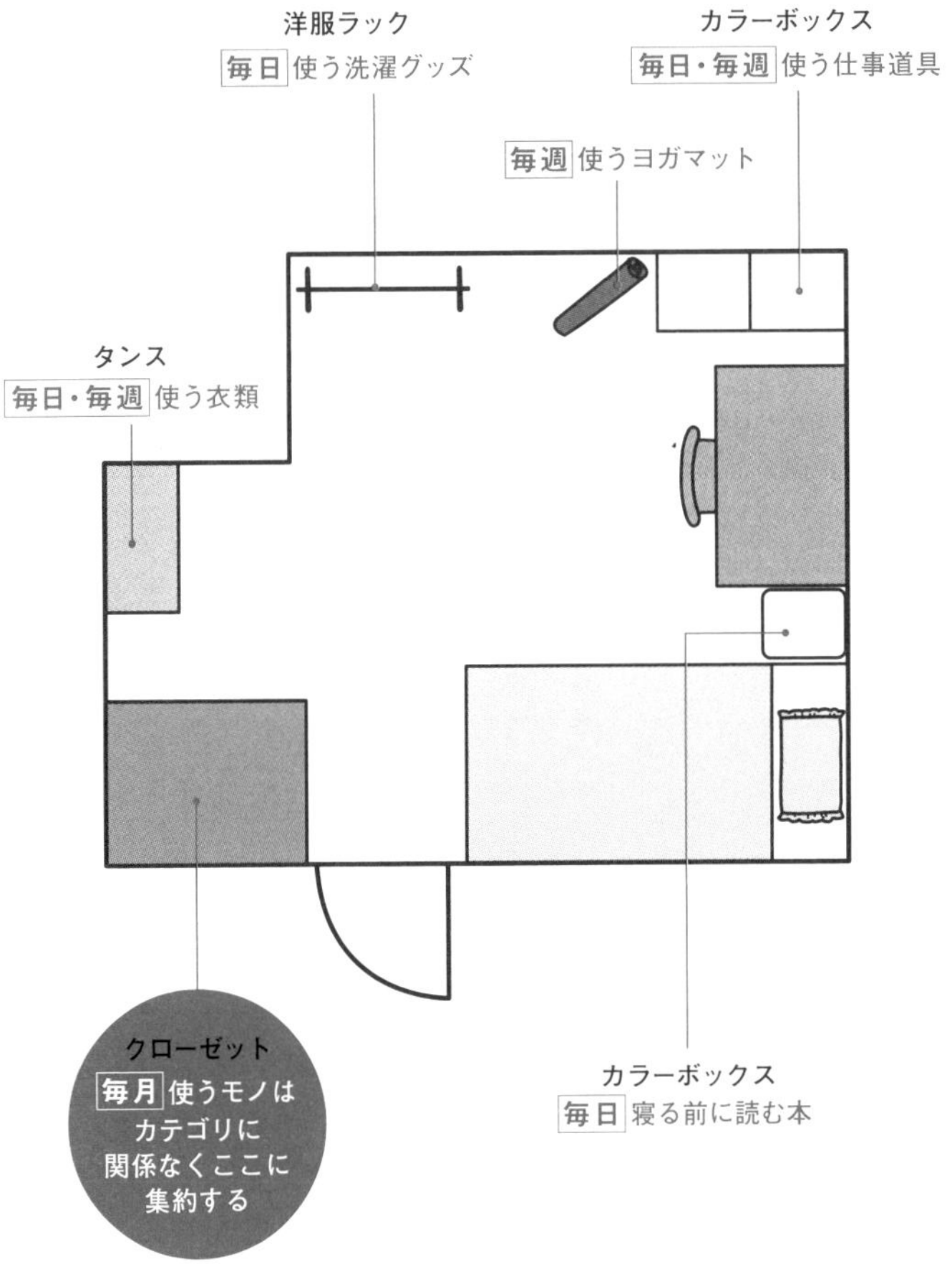

デスクでの作業で毎日・毎週使うモノはデスク周りに、週に何度か使うヨガマットや運動用具は部屋の壁際の真ん中辺りに置いています。ほぼ毎日使う洗濯グッズは部屋の角、衣類はタンスに収納されています。

「月次フォルダ」と、後述する「年次フォルダ」のモノを収納する役目を果たすのが、「クローゼット」です。**クローゼットは服をしまう場所というより、「月次フォルダの倉庫」として機能させています。**

クローゼットの面積が小さい場合は、玄関横収納・シューズクローゼット・キッチン上の戸棚・ベランダ収納で代用できるでしょう。温度や湿度に問題がなく本や洋服などをしまう「箱」が安全に置ける場所であれば、家中のどこでも大丈夫です。

アパレル店のように箱を活用する

毎日・毎週使うモノは、出し入れのしやすさを重視し、

・立てて収納
・余白をもたせて収納

この2点がコツでした。

月次フォルダでは対照的に、「同じ面積でいかに効率よく詰め込めるか」を重視しましょう。

そこで役立つのが「箱（ボックス）」です。**クローゼット・押入れの収納には、とにかく箱が便利です。**モノをそのまま置くより、積載効率が何倍にもなり、同じ面積でもより多くのモノを収納できます。

アパレルの店舗をイメージしてください。しばらく販売しない在庫品は箱に詰めてバックヤードに置き、今日販売予定のモノはお客さんが手に取りやすいように箱から出してディスプレイされていますよね。在庫品をすべて箱から出して平置きしていたら、スペースをとるし、ホコリもかぶります。

ここでも、「旅行用のグッズ」「日用品のストック」など、使うシーン別に箱を分けて

月に数回しか使わないモノはクローゼットへ

毎週使うモノをクローゼットに収納する場合は、スペースにゆとりをもたせる
月に数回使う服やカバン
文具や日用品のストック
たまに見る書類
箱を上手に使えば収納にムダが出ません

不織布

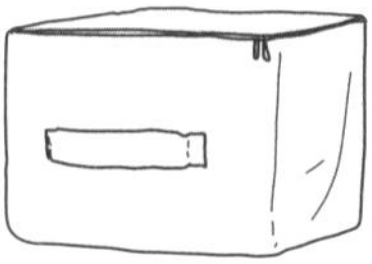

洋服など布モノ

段ボールなどの箱

本や書類

押入れに詰め込んでいきます。わが家のクローゼットは前ページのように箱がビッシリです。

布モノは不織布のボックスに、紙モノは段ボール箱に詰めましょう。

箱にモノを詰めるときのコツ

ボックスにモノを詰めるときにもいくつかコツがあります。

・箱に内容を明記する

先ほど述べた通り、カテゴリにはこだわらず、使用シーン別に箱に詰めていくこと。「たまに読む本・書類」「文房具や日用品のストック」「アウトドア用品」など、該当する使用シーンをラベルに書いていきます。

またその際、保管期限も併せて書き込んでおくと出し忘れ

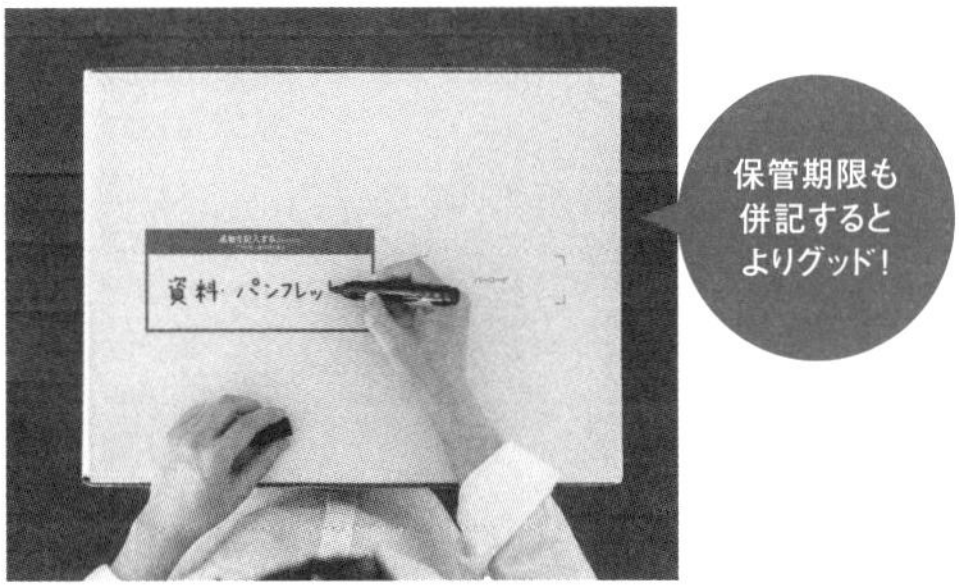
資料・パンフレッ
保管期限も
併記すると
よりグッド！

る心配がありません。皆さんの会社でも、長期保管用の書類は専用の箱があるのではないでしょうか。箱の側面には、部署名や書類の内容、保管期限を記載するのが一般的です。

・中身は透明のジッパー付きビニール袋で小分けに

箱の中身を透明のジッパー付きビニール袋に入れてグループ分けしておけば、出し入れを繰り返しても中身がぐちゃぐちゃにならずに済みます。オススメは100円均一ショップのストックバッグ。1枚5円程度なので気軽に使えます。

・箱の中身を写真で管理

箱の難点は、「中に何が入っているか、忘れやすいこと」です。ラベルだけだと中身を思い出せず、箱をあちこち開けて探し物をしているうちに散らかってしまう……、なんてことも頻繁に起こります。箱に詰め終わったら1枚写真を撮影しPCやスマホで管理し、後から思い出せるようにしておきましょう。

・毎月使うモノは押入れの手前に

クローゼット内のハンディーゾーンに置きましょう。枕棚（天袋）や下段奥は、取り出しづらいので「年次フォルダ」の箱を入れ、中段・下段手前に毎月使うモノを保管するための箱を置きます。

この時点で部屋に入りきらないという人は、「本当にこの1か月間で使ったのか？」を、シビアに見直しましょう。

ワンモア
アドバイス

「毎月使っている」と思い込んでいるモノでも、実際は年に数回しか使っていないモノがよくあります。また、水着やスキー用品など季節もののアイテムは、次の季節まで使わないので、「月次フォルダ」には入れず、「年次フォルダ」に分類しましょう。基本的に、月次フォルダのアイテムまでなら、どの家のスペースでも収まります。

Method
16

「毎年使うモノ」の収納法

読了時間 4 min

最後に、「年に数回使うモノ」の収納です。「年次フォルダ」に分類されるモノは幅広いので、「いつ使うのか？」という視点でさらに3つに分類します。

①**使う時期が決まっているモノ**（オフシーズンの衣類や布団、行事用品など）
②**突発的に使うモノ**（キャンプ・スポーツ用品や来客用品）
③**愛着があり「手に取りたい」モノ**（思い出の品、コレクション品）→メモリーフォルダへ（104ページ参照）

これらは、「月次フォルダ」と同じく、**「箱に詰めて、押入れ（クローゼット）へ」**が基本の収納方法です。

「いつ使うのか」を軸にグループ分けして同じ箱に詰めると、実際に使うときにどの箱を開ければいいか、迷わずに済みます。このときも、詰め終わったら写真を撮るのを忘れずに。年に数回しか使わないモノは、写真に残しておかないとすぐ忘れてしまい「死蔵品」と化してしまいます。

「出張や旅行でしか使わないモノ」だったら、透明のジッパー付きビニール袋に詰めて、旅行カバンなどに収納します。アイマスク・化粧品サンプル・ポーチ類・変換プラグなども透明のジッパー付きビニール袋にまとめて旅行カバンに入れておくと、準備の手間を省けます。季節の衣類や来客用布団といった布製品は、圧縮してカサを減らしましょう（防虫剤も忘れずに）。

収納する際のポイントは、**月次フォルダよりも取り出しにくい場所を選ぶこと。**押入れの中なら、枕棚や下段奥が年次フォルダには最適です。押入れ・クローゼットだけでなく、たとえば玄関・床下・ベランダ・ロフトなど、家中の「出し入れしにくい場所」はすべて、年に数回使うモノの収納に向いています。

手が届きやすい場所をハンディーゾーン、手が届きにくい場所をバックヤードと呼ぶのですが、**家中のバックヤードが、年次フォルダの保管場所**です。使用頻度が低いモノなので、湿気や温度さえ気をつければ、家のどこに置いても構いません。

ワンモア
アドバイス

以前、あるクライアントさんのご自宅で、洗面所の棚1段が、家電の取り扱い説明書で埋まっていたことがありました。不要な書類を整理するだけで1段分の収納が確保できたのです。家庭内のデッドスペースは、バックヤードとして最大限活用しましょう。

年に数回しか使わないモノはクローゼットの奥へ

［モノの処分］

Method 17

使わないけど捨てられないモノの対処法

読了時間 4 min

モノの頻度・シーンごとに、適切な場所に配置していくといっても、モノへの愛着や部屋の広さには個人差があります。

「毎月使うモノ」までは誰もが部屋に収まりきるはずですが、使用頻度が低いモノや、使わないけれど愛情があるモノは、その人の趣味や価値観によって量にばらつきがあります。

キャンプとファッションが趣味という方であれば、それだけでクローゼットは簡単に埋まってしまいます。仕事柄、本や書類を資料として自宅に置かざるをえない方もいらっしゃるでしょう。

押入れやクローゼットの大きさも、人それぞれです。人は1人当たり平均で１５００点ものアイテムを所有すると言われています。段ボール箱にすると20～30箱程度です。あなたの家の間取りでは、それだけのモノが入るスペースがあるでしょうか？

地方にお住まいの方や、都心でも専用のストックルームや施設内収納庫のある住宅にお住まいの方なら、豊富な収納スペースがあり、「年次フォルダ」のモノも含めて問題なく家に収まります。しかし一般的な都市住宅にお住まいの方は、この年次フォルダを収める途中で、家に入らなくなるケースが多いです。

数年に一度しか手に取らないモノは「手放す」

部屋に入りきらなかった場合にまずやることは、年次フォルダの再精査です。

年次フォルダにも当てはまらないモノ、つまり「1年に1回も手に取らないモノ」は、残念ですが、死蔵品化しています。

たとえ使う用事がなくても、愛着があるモノであれば、1年に1回くらいは手に取って慈《いつく》しむ時間があっても良いはず。1年以上も手に取る機会がないモノは、あなたにとって本当に不要なモノかもしれません。

使う頻度も数年に1回もないし、愛を持って手に取るわけではないけれど、捨てるのはもったいないというモノは、年次フォルダに入れず、「手放すフォルダ」に入れましょう。

すぐに捨てる必要はありません。捨てる以外にも、売る・譲る・寄付する・貸すなど、自分以外の人が活用してくれる場所は多くあるのです（詳しくは第4章で説明します）。

それでも踏ん切りがつかないモノは、「迷い中フォルダ」に分類して、いったん避けておき、後日改めて判断しましょう。

愛着のあるモノは「メモリーフォルダ」に

使用頻度と異なり、「愛着」は主観的な指標です。でも「頑張って買ったブランド品だから……」「親族から譲り受けたものだから……」と、捨てにくいモノには何でも愛着がある、と判断してしまうのは危険です。限りあるスペースを有効に使うためにも、

愛着があって手に取り続けたいモノは「メモリーフォルダ」に、愛着はないが何となく

捨てにくいモノは「迷い中フォルダ」に振り分けましょう。

「迷い中フォルダ」は視界から消す

注意しなくてはいけないのが、「迷い中フォルダ」があふれて肝心の「使うモノ」の前に出てきてしまうケース。片づけをしている途中で、迷ったモノの仕分けが終わらず、今週使うモノの前や毎日通る床の上に置きっ放しにしてしまう方はとても多いです。これでは、日々「迷いを避ける」ストレスが生まれてしまいます。

迷い中フォルダは箱に詰めて視界から消し、スマホのカレンダーに開封日を登録&リマインダを設定して定期的に見直します。半年経っても一度も取り出さなかった迷い中フォルダは、自分には必要のないモノたちです。面倒がらずに、迷い中フォルダのモノを手放して、部屋がリバウンドするのを防ぎましょう。

ここまでの「整理＋収納」をまとめると、まずモノの整理は次のようなフローでフォルダに振り分けます。

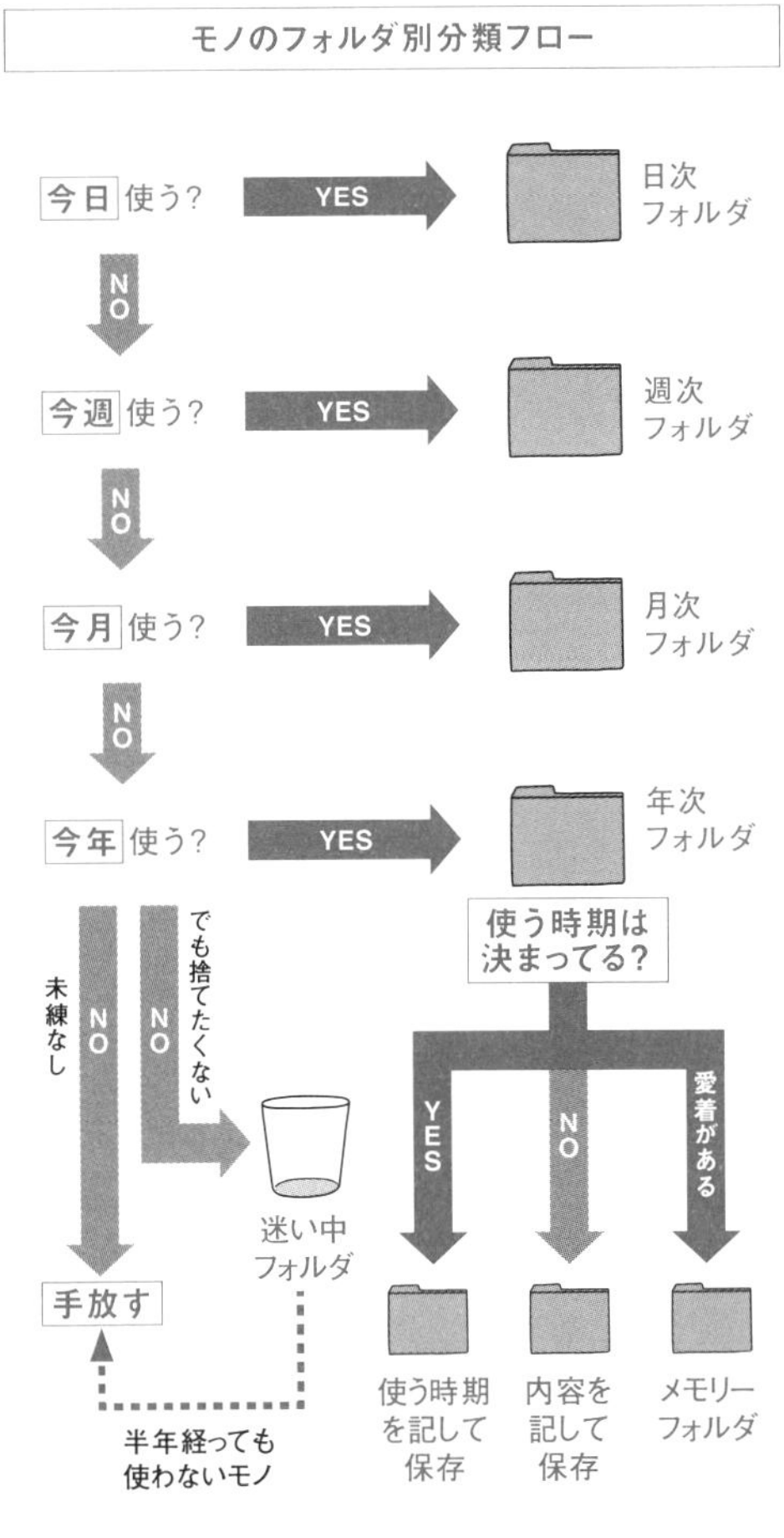

そして収納は、各時系列のモノを次の場所に配置するのが効率的です。

①日次フォルダは、デスクから手が届く範囲（カラーボックス上段）
②週次フォルダは、デスク周り（カラーボックス中・下段）
③月次フォルダは、押入れやクローゼットのハンディーゾーン
④年次フォルダは、家の中（外）のバックヤード

★迷い中フォルダは、極力量を減らし、見えないところへ

片づけフォルダの配置例（全体図）

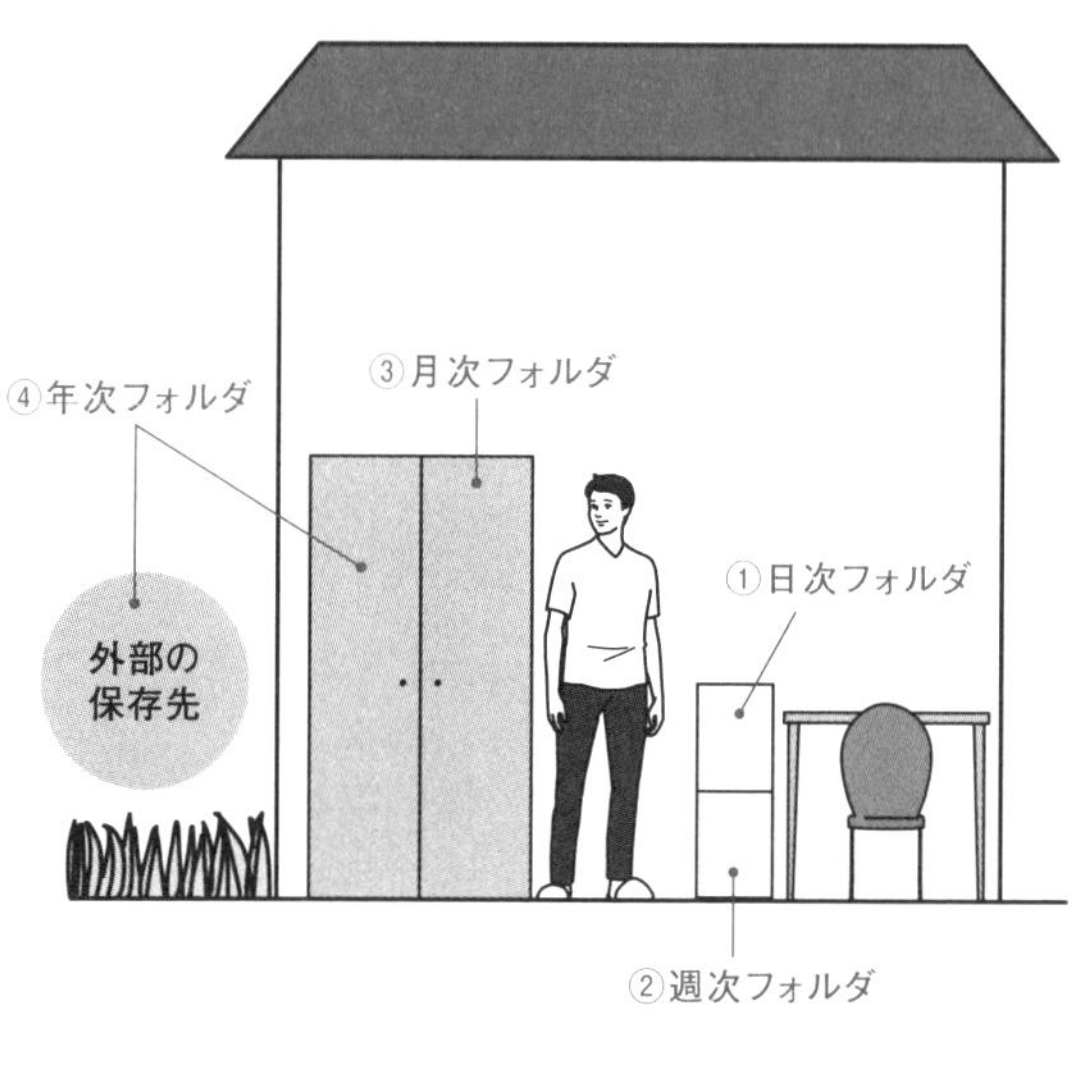

本章でお伝えした「フォルダ分け」がうまくできれば、片づけは9割完了です（お疲れさまでした！）。

今後は定期的にフォルダの中身を入れ替えたり、定位置を見直しながら、筋肉質な部屋を維持していきます。逆にこの段階で妥協してしまったフォルダがあると、後々そこが「部屋の癌《がん》」となり、数週間でリバウンドしてしまうことに。

フォルダ分けこそ、片づけの真髄です。納得がいかない場所は何度もやり直せばいいのです。焦らず、頑張りましょう。

ワンモア アドバイス

「もったいない」と思って捨てられないモノは、ぜひ一度他人に見せてみましょう。周囲の人も「欲しくない」という反応をすれば、自分のモノに対する気持ちも変わるかもしれません。ブランド品は、一度メルカリなどで売買価格をチェックしてみるのも良いですね。

Column

自宅作業とオフィス作業を自在に使い分けよう

テレワーク（在宅勤務）が導入された会社や組織では、次のような声があがっていることでしょう。

「はたして、テレワークで生産性は上がったのか？」

２００９年に米ＩＢＭでは、社員のおよそ40％がテレワークを実施していましたが、２０１７年にはテレワークを廃止しました。ヤフーやベストバイも、過去に一度導入した在宅勤務を廃止した経緯があります。

日本では２０１７年以降、政府・東京都および経済界が連携して「テレワーク・デイズ」を推進。また、２０２０年３月以降は新型コロナウイルス感染症対策のために、在宅勤務への移行が進みましたが、全国的には暫定的な導入となっています。

私の周囲でも、テレワークに対する意見はマチマチで、「自分の作業に集中できる」と喜ぶ方もいれば、「同僚とのコミュニケーションがとりづらくなった」と不満を口にする人もいます。

個人的には、**テレワークと出社を自由選択にすることで、組織の生産性は大きく高まる**と思っています。というのも、テレワークに向いている業務と出社に向いている業務が、それぞれ存在するからです。

Evidence

テレワークの効果を裏付ける実験があります。慶應義塾大学理工学部の研究「作業者の集中度に応じた在宅勤務環境の提供　仮想オフィスシステムValentine」では、仮想システム上にオフィス環境を再現する実験を行なっています。オフィス外にいながら、まるで実際のオフィスにいるかのように、ほかの社員と働いている空間をオンライン上につくり出したのです。発表されたのは１９９８年ですが、オフィス勤務と在宅勤務の関係性は、2020年の現在でも参考になるものです。

この研究では、私たちが普段行なっている仕事上のコミュニケーションを次の3種類に分類しています。

①個人作業
②インフォーマルコミュニケーション
③フォーマルコミュニケーション

「①個人作業」は文字通り、誰とも会話せずに、1人で集中して行なう作業のことです。資料作成や経理処理などがこれに該当します。

「③フォーマルコミュニケーション」はいわゆる会議のことで、約束した時間に約束したアジェンダを話し合うような作業です。①と③の中間にあたるのが、「②インフォーマルコミュニケーション」。突発的に質問をする、ほかのメンバーの顔色を見る、軽め

隣人に話しかけられると集中度は途切れる

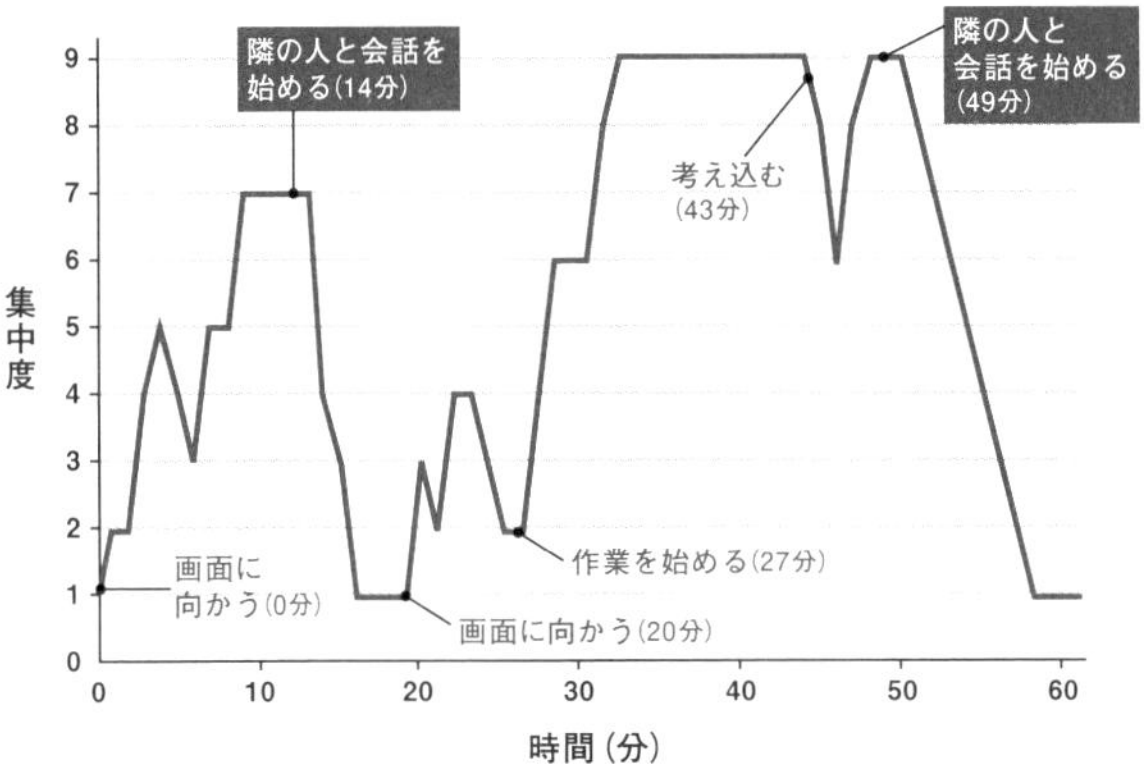

「作業者の集中度に応じた在宅勤務環境の提供――仮想オフィスシステムValentine」もとに作成

の会話をする、画面を覗き見する、といった作業がこれに該当します。

自宅はオフィスと比べ、「①個人作業」の効率が大きく上がる一方で、「②インフォーマルコミュニケーション」の頻度が激減します。一方で、オフィスで働く場合は、これと真逆の結果になります（①の効率が下がり、②の効率は上がる）。

作業中に隣の人に話しかけられると、集中度が低下するという点は、皆さんもなんとなくイメージできると思います。実験の結果から、隣人がいると個人作業に伴う集中度はガクッと下がることが、上のグラフの通り明らかになりました。

本書では「①個人作業」の効率化を前提とした部屋づくりを紹介していますが、テレワークは万能ではありません。１人で集中する作業は自宅、ディスカッションが必要なときは出社など、柔軟に環境を切り替えることが最も効率的です。

Evidence

Centre d'analyse stratégique（フランス首相の管轄下にある意思決定および専門知識機関）によると、**フランスでは「週1～2日は在宅、残りをオフィスで仕事をする」というパターンが最も理想的**とされています。「在宅勤務が毎日続くのはつらい」という方は、週の3分の1は家で作業に集中し、それ以外の日は出社して同僚とのコミュニケーションが必要な業務に取り組む、といったスケジュールを立ててはどうでしょうか。

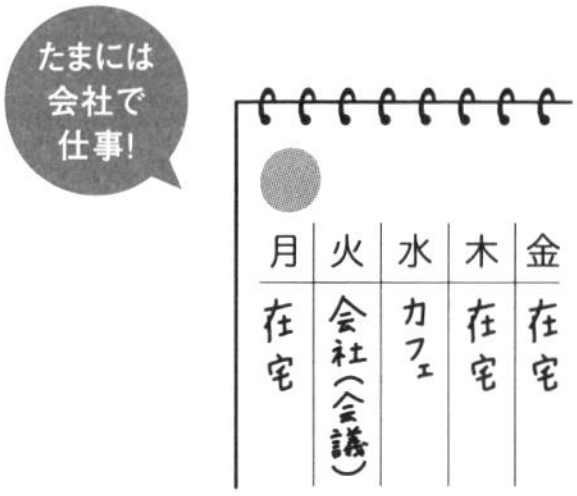

第3章

インテリアに凝るのは最後の最後

——絶対にリバウンドさせない「引き算」思考

苦労して部屋を整理整頓しても、
すぐ散らかってしまう……。
そういう方は、モノを増やす思考になっているのかも。
アイテムを足すのではなく、
いまのシンプルな状態をキープする思考に
意識変革しましょう。

Method
18

部屋に対する理想や夢は捨てなさい

読了時間 4 min

第2章では、モノの「整理＋収納」の基本のフローをご紹介しました。片づけの成功確率を高めるため、ここからお伝えするのは「**メンタル・チェンジ**」。片づけに対するあなたの意識を変えることで、二度とリバウンドさせない部屋づくりに近づけます。

少々厳しいことをお伝えするかもしれませんが、頑張ってついてきてください！

さて、いざ片づけを始めようとするとき、あなたは何から手をつけますか？

もし「自宅の収納量が足りないから、まず収納グッズを買い足そう」と思っているのであれば、その片づけ方、**非効率**です！

片づけは順を追ってクリアしていくものです。**順番を飛ばしたり、やるべきことをやらなかったりすると、すぐにリバウンドしてしまいます。**面倒くさくなって、ステップを飛ばすと、後から必ずひずみが起きるのです。

このことを、いま一度念頭に置いて、片づけにとりかかりましょう。

あなたの部屋はいま、どの状態でしょうか？

□ゴミが取り除かれている
□モノの定位置が決まっている
□モノが定位置に戻され、整頓された状態がキープされている
□インテリアが充実し、心地よい空間がつくられている

もし飲み終わったペットボトルやティッシュの空き箱が部屋に散らばっているようであれば、問答無用でゴミを片づけてください。この作業を嫌がっていては話になりません！（ずぼらな性格を責めているのではありません。いますぐ大きめのゴミ箱を用意して、ストレ

スなく捨てられる仕組みをつくりましょう）

次に、「何となく」モノを収納しているのであれば、正しい定位置を決めましょう。この段階でいきなりインテリアに凝ったり、定位置ではない場所にモノを戻したりすると、すぐにリバウンドしてしまいます。

使いやすい定位置を決める上で、役立つのが「引き算」の思考です。

「お部屋で、こんな楽しいことをしてみたい！」
「リラックスできる、北欧風の部屋がいいな……」
「つっぱり棒を駆使して、収納量を増やそう！」
これらは、「足し算」の思考です。

引き算の思考では、

「日々の生活動線上で邪魔なモノから順に、視界から消していく」というイメージを持ってください。

片づけ終わった後のイメージとして、「毎日素敵に、豊かに暮らすこと」から、「生活に支障なくスムーズに生活できること」に、目標を下げてみます。

あなたが忙しい方であればあるほど、**「シンプル」を心がけましょう。言い換えれば、何も考えなくても綺麗をキープできる部屋をめざすのです。**

より分かりやすく言えば、幼稚園児でもあなたの部屋の中から必要なモノを見つけ出せるくらい、ユニバーサルな設計をイメージしてください。

ワンモア
アドバイス

ハイセンスなインテリア雑誌や収納アイディア本で紹介される片づけ術は、上級者向けがほとんど。「自宅の片づけは完璧にやりきった。さらにワンランク上を目指したい」と思う方でないと、挫折してしまう可能性が高いでしょう。とくに「見せる収納」は、かなりのテクニックが必要です。

Method

19

「形から入る」と失敗する

読了時間 3 min

収納グッズを買い足すタイミングは、最終工程です。整理が終わっていないうちに収納を意識してしまうと、「収納しやすいモノから順に残していこう」と、所有の意味づけにフィルターがかかってしまい、正しい判断ができません。

仕事でも、既存の業務フローやメンバーの強みがイマイチよくわかっていない段階で、ハイスペックで高価なツールを導入しても、たいていの場合、うまくいきませんよね。

仕事もスポーツも、「基礎練習をしっかりやってから環境を整える」タイプと、「一流の環境を整えて、まずは形から入る」タイプに分かれると思います。どちらも、その人に合うならそれなりの成果は出るでしょう。

しかし、片づけに関しては**「形から入る」と、成功確率を大きく下げてしまいます。**

Evidence

通販会社のフェリシモが20〜50代の女性412人を対象に行なったアンケート調査によると、**収納グッズを購入した方のうち、65%が使いこなせなかった経験がある**とのこと。思いつきで買った収納グッズは、使いこなせない確率が高く、収納したモノを死蔵品化させるリスクがあるのです。

インテリア雑誌を見て理想の住まいをイメージし、それに向けて片づけを進める方もいらっしゃいますが、最初に設定する目標が高すぎると、途中で挫折してしまいます。スムーズに生活できるようになるまで、凝った収納グッズは買わないでください。

めざすは筋肉質でヘルシーな部屋

次ページに、凝ったインテリアを配した部屋と、シンプルな部屋の違いを示しました。2つのイラストを見比べてみてください。

最初はデザインより「機能性」を重視

×デザインを主軸とした設計

○機能を主軸とした設計

上のイラストのインテリアを配した部屋はどうでしょう？

毎日（あるいは今週）使うモノが部屋のあちこちに点在しているため、動線が複雑になり、モノが取り出しにくく、戻しにくい状態です。

また、ほとんど使わない「見栄えの良い雑貨類」が、居住空間に出しっ放しにされています。これだと、ホコリをかぶり、掃除しにくいし、肝心の「使うモノ」が「使わないモノ」に紛れて探すのが大変です。

「こんな部屋をつくりたい」と思っている人は多いと思いますが、実際はそうとう気合を入れて定期的に片づけをしないと、綺麗な状態をキープできないでしょう。はっきり申し上げると、すぐにリバウンドしてしまう「使いにくい部屋」と言えます。

一方、下のイラストのシンプルな部屋はどうでしょう？

まず、カラーボックスの中の**「毎日（今週）使うモノ」しか視界に入ってきません。**出し入れも一瞬でできそうです。使用頻度の低いモノは、箱に詰めて押入れに入れているため、ホコリもかぶらず、必要なときに取り出すだけで済みそうです。

この部屋なら、1日5分程度の片づけで綺麗な状態が維持できます。いわば**「筋肉質でヘルシーな部屋」**です。

使いやすい定位置が決まり、日々無理なく維持できるようになってから、インテリアや収納に凝り始めましょう。薄味の料理はいくらでも味付けができますが、一度濃く味付けた料理は元に戻せません。部屋づくりも、**「最初はシンプル、凝るのは最後」**の2段階方式で考えてみてください。

何を買うかを考えるより、まずはシンプルに、スムーズに生活を送れるような定位置を決めることに集中します。機能面がクリアできたら、そこから足し算思考でデザインを改善していきましょう。

ワンモア
アドバイス

引っ越しは、何となく行なってきた家具の配置や収納を見直すチャンス。使いこなせていない収納グッズは思い切って手放しましょう。新居の内見に行く際は、押入れなどの収納スペースの寸法（幅・奥行き・高さ）を測り、段ボール何箱分が収まるのかを事前に把握しておきます。引っ越し直後はしばらく段ボールや手持ちの収納グッズでやりくりをして、モノの定位置がつかめてから家具やインテリアを買い足してください。

［収納テク］

Method 20

収納グッズを買うのは、サイズを調べてから

読了時間 4min

いざ片づけを始めると、あれやこれや収納グッズが欲しくなってしまうもの。しかし、整理が終わるまでグッと我慢しましょう。収納グッズに合わせてモノを選ぶのではなく、**整理が終わり、残すモノの量が決まって初めて、収納グッズを検討すべきです。**

私が片づけに伺ったクライアントさんは、ほぼ例外なく、ご自宅に大小さまざまな収納グッズを持っていました。本人は「収納グッズはほとんど持っていない」と思っていても、押入れなど部屋の各所に、書類ケースやブックシェルフ、空箱や衣装ケース、カゴといった収納グッズがごっそり見つかったのです。

一度買ってしまうと、なかなか手放しづらいのが収納グッズ。まずはご自宅で、活用できていない収納グッズがどのくらいあるか、チェックしてみましょう。

目安として、**書類ケースやブックシェルフには「月に1回以上使うモノ」を入れ、立てて収納。箱には「月に1回も使わないモノ」を詰めて、押入れやクローゼットに入れておくのが適切です。**

長年使っていない書類が書類ケースに立てて収納されていた場合には、クリアファイルに入れ箱に移し替えて保存。書類ケースはデスク周りで再活用します。

押入れの収納も、いきなり大型の衣装ケースは買わないこと。収納のサイズを

箱のサイズが合わないと、デッドスペースができてしまう

一見整理されているようだけど、スペースがもったいない

サイズを計って箱詰めすれば、きっちり収納できる!

間違えると、デッドスペースができ、積載効率が下がってしまいます。まずは手持ちの段ボール箱などでサイズ感を確認してから、ピッタリのサイズのものを通販で購入します。お菓子や靴の空き箱も、収納グッズとして活躍します。紙製の箱であれば、ハサミで切ったり糊で貼って大きさを自由に変えられるので、カラーボックスや引き出しの中の仕分けに便利です。

1週間ほど空き箱を活用してみて、使い勝手がよければ、メジャーで測って同じサイズのケースを通販で注文しても良いでしょう。収納グッズはサイズが命なので、店舗ではなく通販で買うのをオススメします。

ワンモア
アドバイス

靴箱にも何を入れたら良いか迷う「デッドスペース」が存在します。ぴったりフィットする収納グッズを探すのは至難の技なので、引っ越し直後は、段ボールと100均のトレイカゴを組み合わせたDIYをオススメしています。段ボールや手持ちの厚紙をスペースに合わせて切って、ガムテープで固定すれば、簡易棚の完成です。数週間経って、使い心地が良ければ同じ寸法の既製品にアップグレードしてもよいでしょう。

Method 21

3段のカラーボックスだけ買えばいい

読了時間 3 min

本棚や雑貨棚を部屋に置くと、「棚がいっぱいになるまでモノを置きたい」という心理になりがちです。

そこで私がオススメするのは、**3段のカラーボックスを必要な数だけ購入する**こと。これなら持っているモノの量や種類に合わせて必要最小限の収納家具を置くことになるので、余計なモノを買いすぎる心配もありません。

本をたくさん読む時期は本を収納し、化粧品や雑貨に使いたいときは本のスペースを減らすなど、時期に応じて収納するアイテムを模様替えできるのが、カラーボックスの最大の利点です。

また扉の開閉がないため、出し入れの際のアクション数も減らすことができます。反面、扉がないのでホコリが入りやすく、中のモノが見えてしまうので、使用頻度が低いモノを収納するのにはオススメできません。

週1回以上使うモノはカラーボックスに収納、それ以外のモノはフタのある箱に詰めて見えにくい場所へ、という使い分けをオススメします。

トリッキーな収納グッズは買わない

注意したいのは、「トリッキーな収納グッズを買わないこと」です。

私が過去購入して失敗した収納グッズは、

- ✖**バスケットカゴ**（布製品を中に入れると、繊維がひっかかりほつれてしまう）
- ✖**アクセサリーケース**（引き出しが重くて出し入れが面倒、小さい鍵がついていて開閉が面倒）
- ✖**吊り下げラック**（モノの出し入れがしづらく、次第に使わなくなる）
- ✖**バナナ専用ホルダー**（用途が少なすぎて、利用頻度が低い）
- ✖**大型の衣装ケース**（サイズが大きいため、奥に何が入っているか管理がしづらい）

などがありました。

購入するときのポイントは、とにかく「シンプル・イズ・ベスト」。軽い素材で開閉しやすく、何も考えずに数秒で出し入れできるものを選びましょう。買った後も、少しでもしっくりこなければ、メルカリなどで売ればいいのです。無理して使い続けると、散らかりの元になります。

紙袋は長期の保管には向かない

紙袋を収納袋として活用する人もいます。

整理の作業を進めるプロセスにおいては、紙袋はなにかと活躍します。仕分けする前のアイテムの仮保管やモノの運搬、迷っているアイテムやフリマ出品予定のアイテムの一時保管には便利です。

しかし、長期間保管する目的として使用する場合、紙袋は、

①中身が見えにくい
②自立しないため上に重ねにくい
③ホコリが溜まりやすい

という理由からオススメできません。

湿気で中のモノが劣化するおそれもあります。

あなたの押入れにも、モノが入りっ放しの紙袋があるかもしれませんが、ホコリが溜まっていないかチェックしてみてください。

ワンモア
アドバイス

子供のおもちゃや文房具など「細々としたモノ」を収納する場合、紙袋ではなく透明のジッパー付きビニール袋に入れた上で、フタ付きの箱に長期保管しましょう。

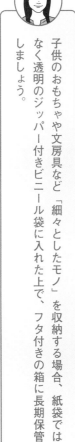

Method
22

デスク周りに、食べ物やベビー用品を置いてもOK

読了時間 4 min

子育て中は、おもちゃや赤ちゃん用のベッドなど、ベビー用品がたくさん必要になります。

キッチンで調理中の合間に、ご自身のメイクを済ませる方もいるでしょう。また、デスクを食卓やメイク台と兼用しているケースもあります。

つまり、**誰もが、「キッチン＝料理をする場所」「デスク＝勉強や仕事をする場所」とは限らない**のです。

「ペンはペン立て」「調理用具はキッチン」などカテゴリごとに場所を決めてしまうと、一気に「使いづらい」部屋ができてしまいます。

使うモノは使う場所の近くに置く。何度もお伝えしていますが、それが片づけの鉄則です。

キッチンで本を読む人ならキッチン周りに本を置く、デスクでメイクをする方ならデスク周りに化粧道具を置いてもいいでしょう。常識にとらわれず、部屋にあるモノは「使いやすさ」を最優先に配置すべきなのです。

カラーボックスやカゴを有効活用する

ここでもカラーボックスが役に立ちます。使うシーンごとに段を分けて収納します。

たとえば、お腹が空《す》くたびにキッチンに行くのでは、作業が中断されてしまいます。

そこで、デスク周りにカラーボックスを置き、仕事道具だけでなく食べ物や衛生用品も置いてみてはどうでしょうか（私は、小腹が空いたときにつまむナッツと小魚チップをデスク横に常備しています）。

では、決まった場所はないけれど、頻繁に使うアイテムはどうすればいいでしょうか。

毎日手にするおもちゃやお菓子の収納例

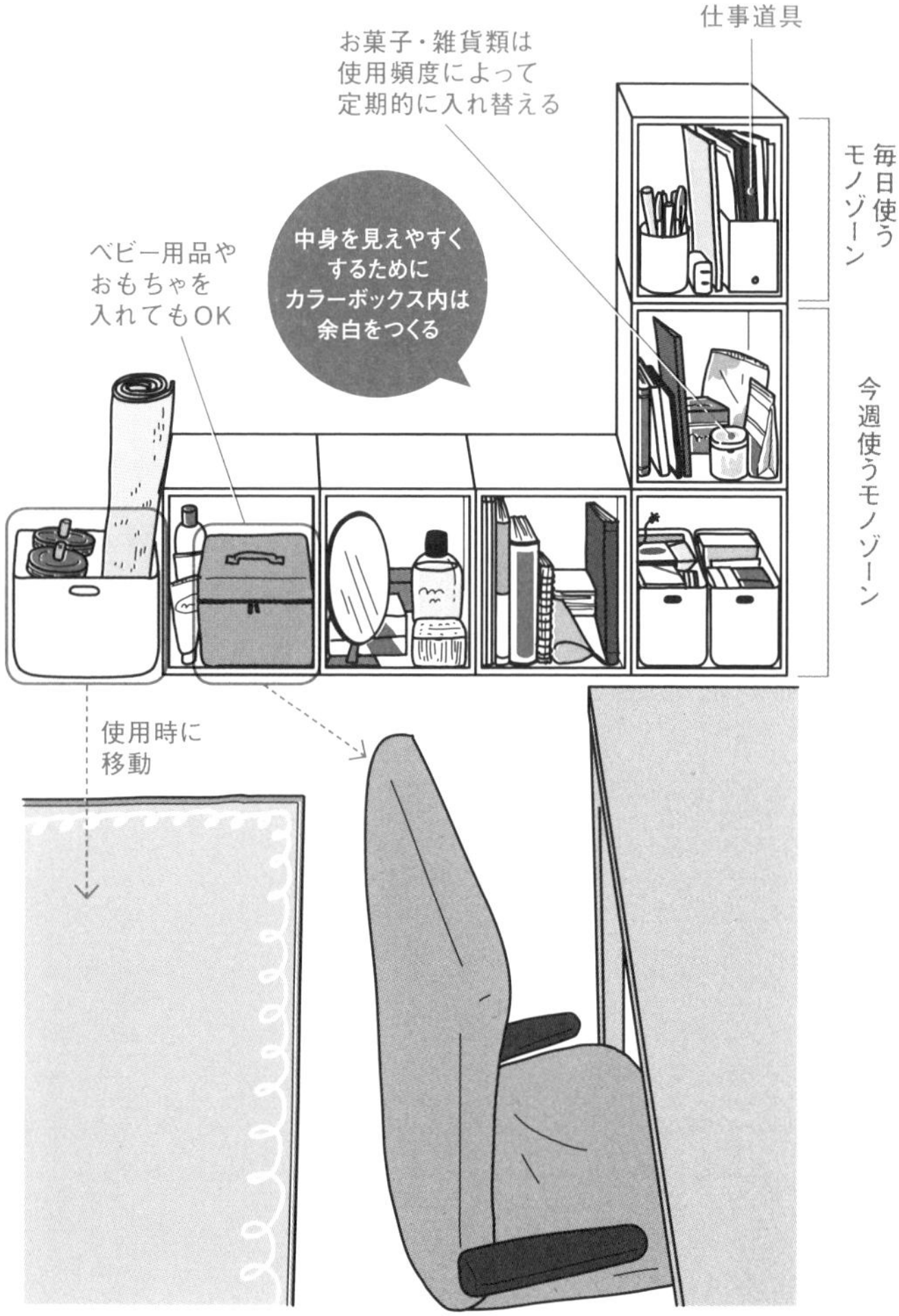
仕事道具
お菓子・雑貨類は
使用頻度によって
定期的に入れ替える
毎日使うモノゾーン
今週使うモノゾーン
中身を見えやすくするためにカラーボックス内は余白をつくる
ベビー用品やおもちゃを入れてもOK
使用時に移動

たとえば、ベビー用品やおもちゃなどは、カラーボックスの中にカゴを入れておき、1日の始めと終わりにカゴを出し入れして、使う場所に持っていきましょう。カゴごと出してカゴごと戻せば、1つのモノをさまざまな場所で使ったとしても、出しっ放しを防げます。

ただし、使用頻度の低いモノと高いモノを混在させてしまうのはNG。毎日使うアイテムだけを厳選してカゴに入れましょう。

取手付きのカゴも多く販売されていますが、カゴ自体が重いものは出し入れの手間が増えるので、できるだけ軽いものを選びましょう。

ワンモア
アドバイス

いくつかの場所で使うアイテムは、複数購入して使う場所ごとにセットするのも手です。たとえば目薬。デスクで目薬をさすこともあれば、寝る前にベッドでさしたり、職場でも使うので、それぞれ1個ずつ使う場所にセットすると探すのに手間取りません。

Column

普段できないことに、手を出しすぎない

在宅勤務の上級者にもなれば、節約できた通勤時間を活用して、こだわりのコーヒーを淹《い》れたり、家庭菜園を楽しんだりと、仕事もプライベートもとても充実しているように見えます。

しかし在宅での仕事・勉強に慣れないうちは、あれもこれもと手を出してしまうと逆効果。空いた時間に自宅でこんなこともできたら素敵だ……などと「足し算思考」で考えるのではなく、ここでも「引き算思考」で考えることをオススメします。

「**出勤時にやっていたことだけ、最低限できれば上出来**」と、少しハードルを下げてみましょう。いくら通勤時間が節約できるとはいえ、出勤時には料理も掃除もまったくやっていなかった方が、在宅勤務になった途端に「やらなくちゃ」と頑張る必要はありま

Evidence

せん。自分のペースで在宅勤務に慣れていけばいいのです。
「一気にやりすぎないこと」も大切です。みなさんも経験があると思うのですが、家事は「やり始めるまで」のハードルが高いわりには、一度手をつけてしまえばサクサク進められるものです。片づけも掃除も、「一度に長時間やりすぎない」とルール化し、手をつけるハードルを下げていきましょう。

ドイツの家庭では、家事に定量的ルールを定めている人が多いそうです。「トイレ掃除は1日おき、1回3分以内に終わらせる」「3日に1回は外食かテイクアウトにする」など、これ以上頑張らないというラインをあらかじめ決めておくことで、無理なく習慣として続けられます。**長時間作業して疲れると、「この作業は大変だ」と脳が勝手に認識し、次回行動に移しにくくなります。**自分に期待しすぎず、習慣化するまでは心理的ハードルを下げるようにしましょう。

第4章

紙や服は捨てずに共有する

――部屋を賢く拡張する「持たない」整理術

部屋からあふれ出すほどのモノを見て、
「捨てなきゃ」と頭を抱えなくても大丈夫！
捨てずにモノを減らす
「シェアリング術」をお伝えします。

Method
23

想像以上に狭い「日本の部屋」

読了時間 3 min

Evidence

この本を手に取ってくださった方で、「自分の部屋は十分に広い」と思っている方は、ごく僅《わず》かだと思います。日本の都市部に住んでいる以上、私たちの部屋は狭いのです。これはどうしようもありません。

次ページのグラフを見てください。

まず諸外国と比べた際、**日本の平均住宅面積は狭く、アメリカの3分の2程度にすぎません**（それなのにアメリカ人は10世帯に1世帯、トランクルームを使っているのです！）。

さらに国内の住宅面積の地域差は非常に大きく、東京都民は、茨城県民と比べて3分の1の広さの家に住んでいます。家賃も東京は全国と比べてずば抜けて高く、よほど収入に余裕がないと広い部屋には住めません。

一方、東京都民と茨城県民で物欲の差が3倍も違うはず

都市部と地方では住宅事情に天と地の差がある

■1人当たり住宅床面積の国際比較

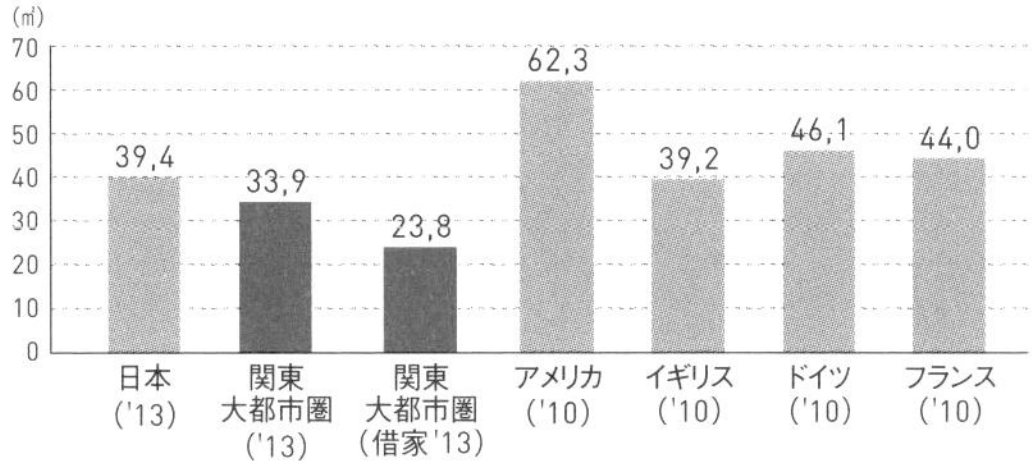

「2015/2016年版 建材・住宅設備統計要覧」をもとに作成

■都道府県別 住宅の敷地面積(1住宅当たり)

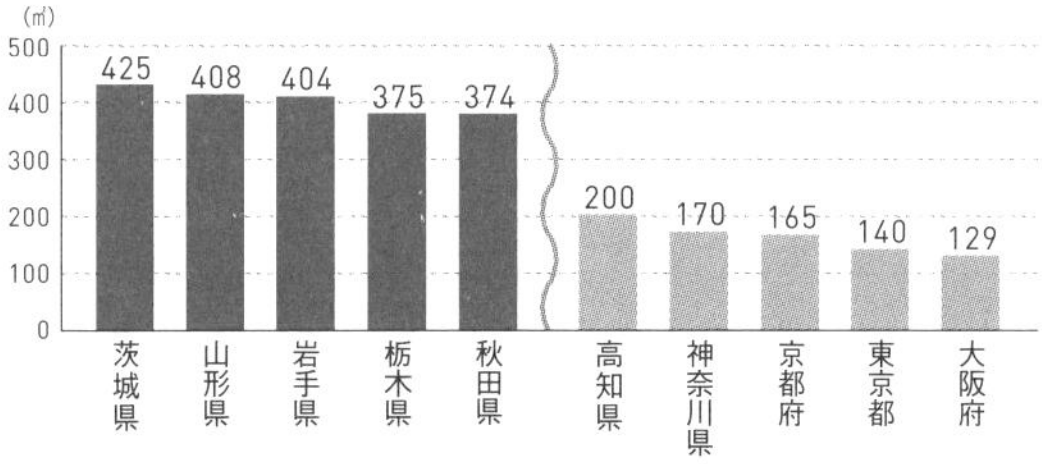

■都道府県別 民営賃貸住宅の家賃(1か月3.3㎡当たり)

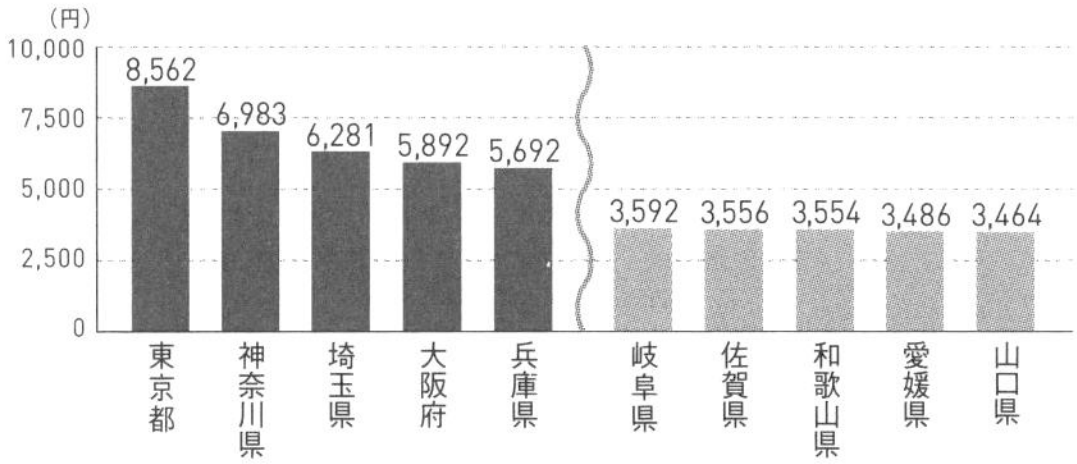

「統計でみる都道府県のすがた2019」をもとに作成

都市部の住居は「狭くて」家賃が高い

はなく、全国どこに住んでいても所有するモノの量に大きな差はありません。つまり、東京に住むだけで、収納の難易度が茨城県の3倍にも跳ね上がってしまうのです。

「所有するモノはすべて家に収める必要がある」と考えた時点で、あなたの所有欲は住宅事情に縛られます。またモノへの愛を守りたいために、立地や住宅設備を妥協して、快適ではない生活を送るのもじつにもったいないことです。

「所有」と「家に収めること」は両立できない場合は、まずは両者を分離して考えることから始めましょう。

ワンモア
アドバイス

所有欲に関する調査は、私の勤務先の株式会社サマリーで数多く行なっています。拙著『モノが多い 部屋が狭い 時間がない でも捨てられない人の捨てない片づけ』（ディスカヴァー・トゥエンティワン）でも紹介しているので、気になる方はぜひご覧ください。

［シェア思考②］

Method 24

ローカルデータを抱え込めば、PCはいつかパンクする

読了時間 3 min

あなたは仕事で作った文書ファイルを、どのように管理しているでしょうか？

多くの方が、

- **会社や部署で、複数人で共有するフォルダ**
- **個人ＰＣにローカル保存されるフォルダ**

の2箇所でデータ管理しているのではないかと思います。

個人のＰＣにデータを溜め込みがちな方は、**非効率**です！

注意しないと、いつかＰＣも部屋も人知れずパンクしてしまいます。

PCのデスクトップは、部屋の縮図にたとえることができます。

デスクトップ上にデータが散らばっていて整理できていない方は、部屋も同じように出しっ放しのモノであふれていることが多いです。

ローカルでデータを抱え込まず、フォルダ共有するクセをつけましょう。メモ書きなど、一見共有する価値がないように見えるものでも、共有フォルダに入れておけば、いつか誰かの役に立つかもしれません。

勤務先企業のデータ整理も私の仕事の1つですが、基本的にすべての情報を共有フォルダでシェアすることを推奨しています。たとえほかの人が閲覧しなかったとしても、保管場所を整理することで、自分自身もデータを探しやすくなります。

部屋のモノについても、考え方は基本的に同じです。

「自分が使うモノ＝自分個人で所有し、部屋に置く」という選択肢だけしかないと考えてしまうと、あなたの所有欲の「上限値」が、部屋の大きさによって制限されてしまいます。所有欲に合わせて広い部屋に次々と引っ越すのも、経済的ではありません。そこで、

- **買わずに使う**
- **使い終わったら売る**
- **身近な人に譲る**
- **寄付する**
- **個人ではなく複数人で使って、共同保管場所に置いておく**
- **次の季節まで使わないモノは預ける**

など、所有の形をいくつか持つことで、モノの量と収納キャパのジレンマは解消されていきます。

ちなみに、**オフィスの備品管理をイメージすると、シェア思考がつかめます。**

私の職場では、個人の机でボールペンやクリップなど「毎日、頻繁に使うモノ」を保管しつつ、文房具の在庫は部署共通の棚で保管しています。コピー機の上には共用のホッチキスやクリップが置いてあり、領収書キャビネットの隣には共用の糊《のり》が置いてあります。

身の周りで、机が綺麗な人の行動を観察してみて下さい。共有物をうまく活用し、自分の机にモノを溜め込まないよう工夫しているはずです。自宅も同じで、共有物をうまく活用できれば、綺麗な部屋を維持できるのです。

自分1人でモノを独占せず、「いまこの瞬間にどこにあるべきか？」を考えて定位置を決めることで、部屋の広さにかかわらず片づけはスムーズに進むでしょう。

ワンモア
アドバイス

愛着のあるモノは写真に撮って、SNSで貰い手を募る。高価なモノはフリマなどに出品。また、ベビーカーなどまだ使えそうなモノは、近所の方に譲ったりするのも手です。

［外部収納］

Method 25

部屋に収めるだけが、片づけではない

読了時間 4 min

「頻繁に使うモノは使う場所の近くに」「頻繁に使わないモノは箱に詰めてバックヤードへ」というルールをお伝えしてきましたが、バックヤードは家の中に限りません。

衣類や布団などの季節モノ、キャンプ用品やスポーツ用品など「年次フォルダ」のモノが物理的に部屋に収まらない場合（とくに都市部にお住まいの方）は、**宅配型の「外部収納サービス」の利用をオススメします。**

トランクルームサービスは種類が多くありますが、

①広い住宅に引っ越すより安い価格
②預けたアイテムが1点ずつ管理できる
③出し入れがこまめにできる

という観点で比較検討し、選ぶことをオススメします。自宅の押入れと同じような使い勝手で使えるサービスを選びましょう。

スマホで簡単出し入れ「サマリーポケット」

株式会社サマリーが運営する宅配収納サービス「サマリーポケット」は、ボックス1箱が月額250円～で利用でき、トランクルーム業界でも低価格（東京都でトランクルームを借りるのと比べ、4分の1程度の価格です）。都市部でより広い住宅に引っ越すよりも、ずっと安価です。

私は、衣類や布団のほか、クリスマスグッズや季節家電などを預けています。預けたアイテムは、倉庫側で1点ずつ撮影されるため、何を預けたかスマホやPCで画像を見て気軽にチェックできます。必

要になればスマホやPCで、箱単位、あるいは1点ずつでも取り出しが可能で、最短翌日に自宅に配送されます。

とくに、衣替えの際にオススメです。「服を入れ替え、クリーニングに出し、畳んで保管する」という一連の流れが煩雑で、ついつい衣替えを先延ばしにしがちな方も多いかと思います。

サマリーポケットでは、とりあえず季節外の服を箱に詰めて預け、オプションサービスのクリーニングを頼めば、次のシーズンには綺麗な状態で自宅に届きます。季節が変わり始めたタイミングで、サマリーポケットの「取り出し」ボタンを押せば次シーズンの服が届くので、とても簡単に衣替えが完了。布団や靴、カーペットのクリーニングオプションもありますよ。

たとえば、5月に夏に着る服を取り出すのと同時に、春先まで着ていたダウンなどの衣類を代わりに預ければ、家には「季節外のアイテム」は残りません。

保管のプロ「寺田倉庫」が温度・湿度管理を徹底しているので、デリケートな洋服やカバンも安心して預けられます。

私はデータ解析担当で、サマリーポケットのお客様インタビューを定期的に行なっているのですが、都市部を中心に、一人暮らしから大家族の方まで幅広い方にご利用いただいています。とくに、「結婚・同棲で、一人暮らしが二人暮らしになった」「二人暮らしだったが、出産で三人暮らしになった」「地方から都心に引っ越して部屋が狭くなった」など、ライフスタイルの変化に合わせて利用を開始される方が多いです。

月額ワンコイン以下の価格で、引っ越さなくても収納場所を増やせるので、急な環境変化の際にも安心です。ただ、あまりに便利だからといって、預けているアイテムは定期的にチェックすることを忘れずに。季節ごとにアプリを見ながら1点ずつ振り返り、死蔵品化を防ぎましょう。

ワンモア
アドバイス

めったに着ない衣類、流行に左右されるアクセサリー、バッグ類はレンタルに切り替えるのもいいでしょう。私の場合、結婚式などに呼ばれた際に着るパーティー用の服は、そこまでこだわりがないので、所有せずにレンタルで対応しています。最新の家電も一度レンタルして使ったうえで、気に入ったら買うようにしています。

［紙の整理］

Method
26

大量の書類から、自由になろう

読了時間 5 min

デスク周りの片づけにおいて、最大の難所が書類整理です。書類がスッキリすれば、あなたのデスクも頭も開放感を得られるはず。

ここでは、「シェア」思考で、書類を整理していきます（自宅の書類整理だけでなく、会社のデスク整理にも役立ちますよ！）。

書類をまず「現物で残す必要性があるか」という視点で、次の2つに分類しましょう。

①現物がなくてもOKな書類（取り扱い説明書やパンフレットなど）

②現物がないとNGな書類（契約書・証明書・役所への届け出書類など）

では、それぞれ見ていきましょう。

①現物がなくてもOKな書類の片づけ方

あなたの自宅にも、現物がなくても支障のない書類が大量に潜んでいるはずです。ここでは、インターネットで得られる情報かどうかで大きく分けていきましょう。

インターネット上に同じ情報が載っている書類

これは迷わず処分しましょう。

現物があったほうが捗るタスクというのは、細かい数字をPCに打ち込み作業するときくらいです。

「出前のチラシなどは、紙で保管したほうが必要なときにサッと開けて便利」という声も聞くのですが、いざ必要になったとき、チラシの山から目当てのものを取り出すより、Google 検索で調べたほうが早いケースがほとんどです。

頻繁に使う情報であれば、ＰＣやスマホのブラウザ上で、対象のページをブックマーク登録するのもオススメです。家電・家具の取り扱い説明書は、保証書のページを切り取って処分。クーポン付きのチラシであれば、クーポン部分だけを小さく切り取りファイルに移して、期限が過ぎたら処分しましょう。

インターネット上に同じ情報が載っていない書類

学校のお便りなど、Ａ４サイズ１～２枚のものであれば、家庭用スキャナでデータ化するか、写真に撮ってＰＣやスマホで管理しましょう。原紙は処分して大丈夫です。

セミナーのテキストや料理教室のレシピ、雑誌など、ページ数が多いものはスキャン代行サービスが便利です。たとえば書籍スキャン代行サービスの「スキャンピー」では、段ボール箱で送るだけで1冊80円～で書籍スキャンを依頼でき、書類やノートも（一部形式を除いて）スキャンしてくれるうえに、スキャン後の書類・書籍はそのまま処分してもらえます。

手紙や日記帳など、思い出として残したいモノは、「書類」という分類から外し、ぬいぐるみや子供がつくった工作と同じように、「メモリーフォルダ」に振り分けること。保管場所を分ければ、間違って捨てる心配もありません。

注意したいのは、仕事のノートやセミナーテキスト。「自分が頑張ってきた証《あかし》」だとをすべて残しておく方がいますが、現物で残すことの意味を改めて考えてみてください。

手に取れば温もりや愛情が感じられ、頻繁に手に取って眺めたいものであればモノとして残せば良いですが、「捨ててしまうのが怖い」という恐怖感からの所有であれば、データに形を変えて部屋のスペースを空けたほうが健全です。

②現物がないとNGな書類の片づけ方

続いて②現物がないとNGな書類です。これは、捨てると支障が出るため、残すしかありません。

現物として残す書類は、大きく2つに分類しましょう。

・処理する予定がある書類（役所に提出する書類、入学志願書など）
・保管義務がある書類（登記事項証明書、契約書など）

処理する予定がある書類

明確な締め切りがある書類は「いつ処理するか」の期日ごとに、クリアファイルに入れます（A４サイズであればクリアケースも便利です）。

書類の種類が混ざっても良いので、「いつやるか」を軸に分けると処理漏れを防げます。処理日をラベルシール（もしくは付箋）に書いて貼っておき、スマホのリマインダー機能に設定しておきましょう。処理する書類が多くてリマインダーが増えすぎる方は、Trelloなどのタスク管理ツールを使うのもオススメです。

処理しかけの書類を、忘れないように出しっ放しにする方も多く見かけますが、リマインド効果は意外と低いです。書類が目に入るたびに「あぁ、やらなきゃ……」と罪悪感が襲ってくるだけで、肝心のやるべきときにはすっかり見慣れて、存在を忘れたりします。これでは作業が捗りません。

思い出すべきときに思い出せば良いので、自分の視覚ではなく、スマホのアプリに頼りましょう。リマインドを受けるまでは、書類ケースの中で見えないように眠らせておいてOKです。

領収書やレシートなど細かな紙は、ジッパー付きビニール袋に入れましょう。交通費精算や、家計簿を付けている方は、レシートをジッパー付きビニール袋に溜めておいて、時間があるときに一気に記録して処分すると、「レシートがつねに出しっ放し」の状態を防げて便利です。

保管義務がある書類

重要書類をはじめ数年後まで保管が必要な書類は、1冊のクリアフォルダ（表紙が厚めで頑丈なもの）に項目別に入れておきます。

- **マンションの賃貸契約書**
- **住民票**
- **資格証明書**
- **年金手帳**
- **各種保証書**

などは、使用頻度がとにかく低いものばかりなので、細かな分類はしません。保証書は保証期限ごとに１つのページに入れ、期限が切れたら、一気に捨てるようにしています。

フロー図にまとめると、次のページのようになります。

「残すか、捨てるか」という二軸だと整理しづらい書類ですが、「データでもＯＫか、か紙であるべきか？」「紙で残す必要があれば、いつ使うのか？」で考えると、量を減らしながら最適な場所で保管することができます。

ワンモア アドバイス

個人事業主の方など、保管義務が生じる書類の量が多い方は、「本当に部屋に置く必要があるのか？」を見直してみましょう。押入れに詰め込んだ書類は、カビやホコリの温床になります。外部収納サービスに段ボール箱単位で預けるのも一案です。

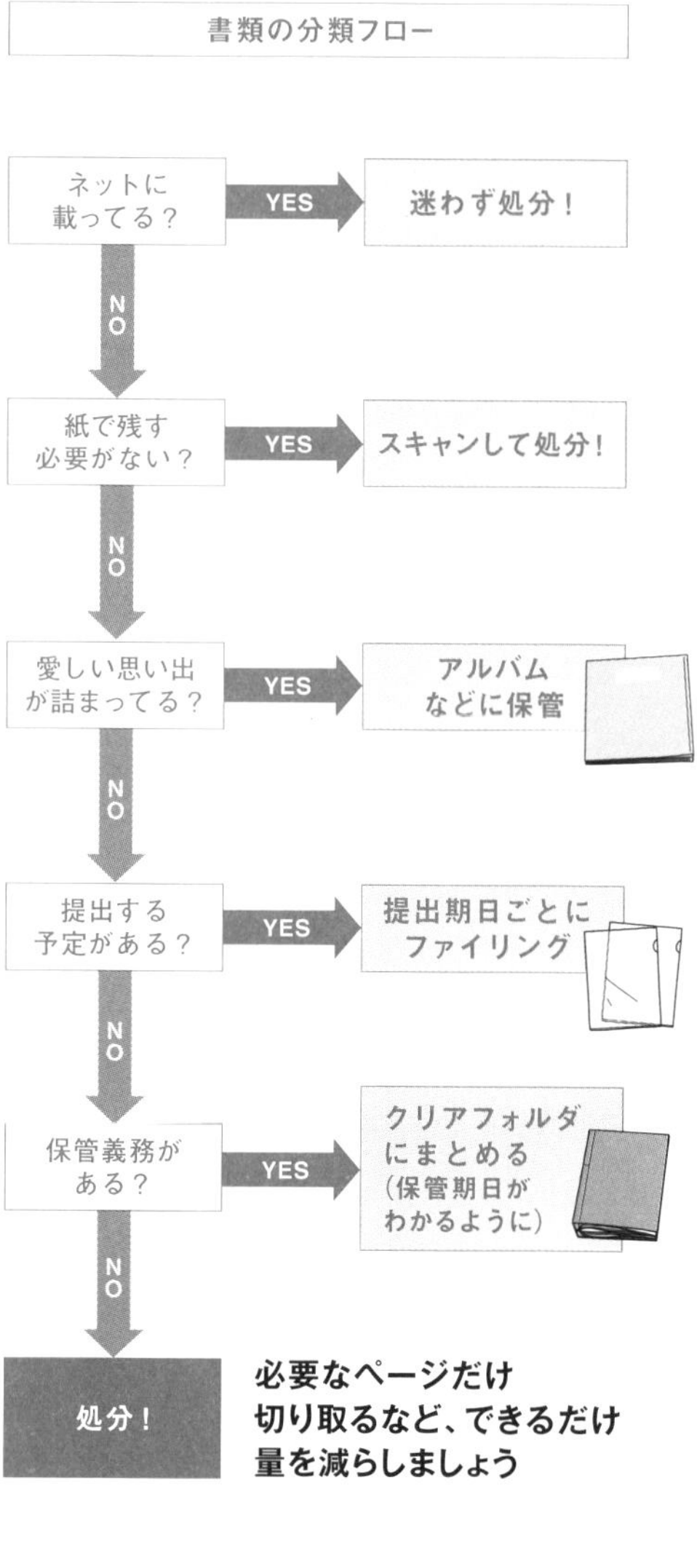

［本の整理］

Method 27

本は1冊も捨てなくていい

読了時間 4 min

「片づけは冷蔵庫から始めるとよい」とよく言われます。食品には賞味期限があるので、ほかのモノに比べて捨てる基準が明確で片づけやすいからです。

反対に、**難易度が高いと言われるのが「本」です。**

本を捨てることに対して罪悪感を抱いたり、抵抗があるという人は多いものです。使用頻度という概念も合わないし、「本は1冊も捨てたくない！」と思っている方もいるでしょう。

安心してください。本は1冊も捨てなくて大丈夫です！

まず、持っている本をすべて本棚から出し、1冊ずつ手に取ってグループ分けしていきましょう。

私が片づけのアドバイスをする際、よく行なう分類法を紹介します（次ページ参照）。まず、「読んだ本」「読んでいない本」の2つに大きく分けます。そのうえで「いつ読むの？」「なぜ大切なの？」の理由を自問しながら、8～10程度のグループに分けていきます（STEP1）。

ここで注意したいのが、カテゴリで分けないことです。多くのクライアントさんが、漫画、参考書、ガーデニングなどカテゴリで本を分類していたのですが、カテゴリは無視して、**「自分にとってどのような存在か」**という視点で本を分けていきましょう。

そのうえで、意味ごとに、どこに配置するのがベストかを検討します（STEP2）。

「Ⓐこれから読もうとしている本」「Ⓑ読みかけの本」「Ⓔ参考書として頻繁に手に取りたい本」は、本棚の手が届きやすい特等席に置くべきです（私はお風呂で読書をするので、Ⓐのこれから読もうとしている本を1～2冊、お風呂場のカゴに置いています）。

「Ⓖ文献として貴重なので保管しておきたい本」「Ⓘコレクションとして収集している

本の「整理＋収納」

［ STEP1　本をグループ分けする ］

読んだ本

- J　インテリアとして飾りたい本
- I　コレクションとして収集している本（雑誌や漫画）
- H　人に貸したい本
- G　文献として貴重なので保管しておきたい本
- F　気に入っていて、いつかもう一度読みたい本
- E　参考書として頻繁に手に取りたい本

読んでいない本

- D　借りている本
- C　いまは読む気がない本
- B　読みかけの本
- A　これから読もうとしている本

［ STEP2　本棚内の定位置を決める ］

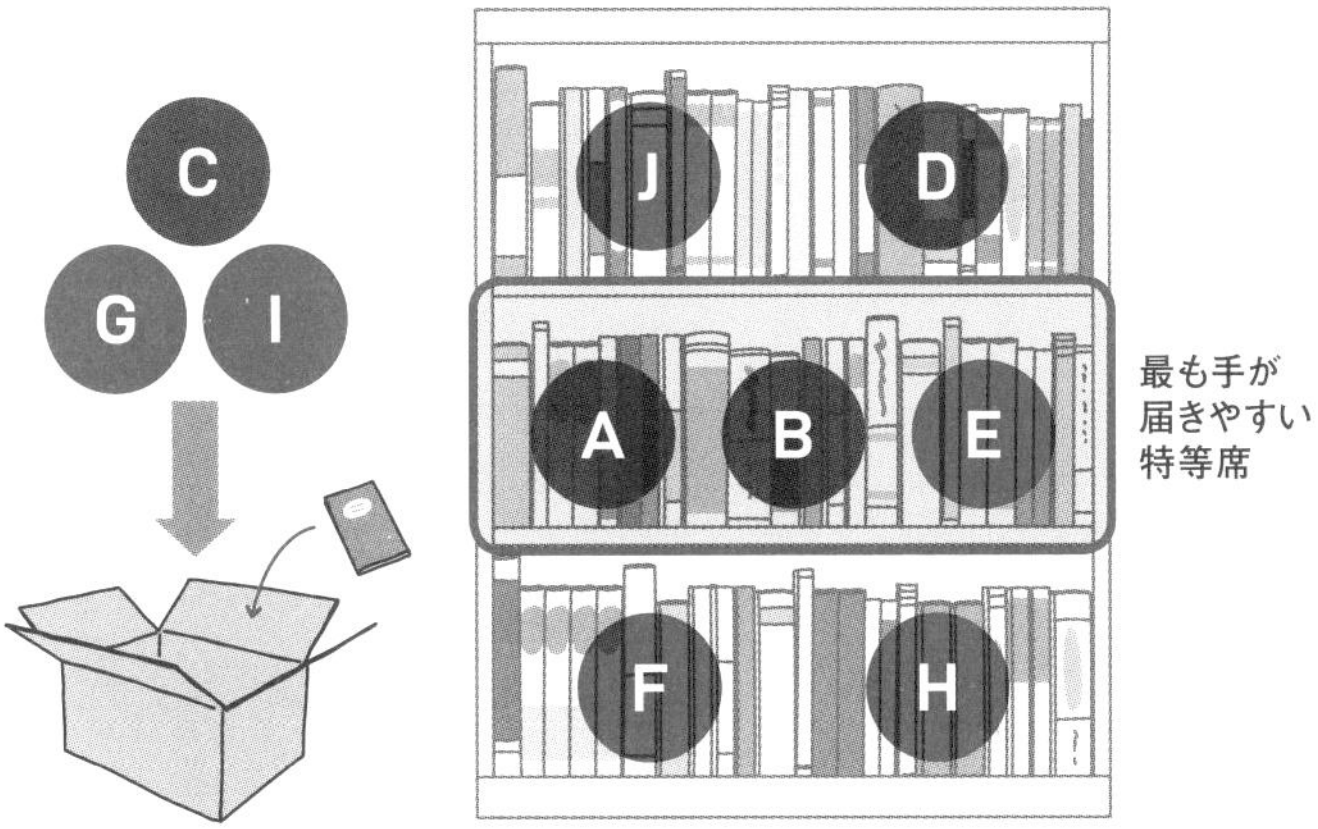

本」は、頻繁に出し入れするものではないので、本棚に置く必要はなく、箱に詰めてクローゼットなどのバックヤードスペースに置きます。

「Ⓒいまは読む気がない本」「Ⓓ借りている本」が本棚の多くの面積を占めていると、精神衛生上よくないので、借りた本は早めに返す、読む気がない本は早めに人に譲るか売る（または図書館に寄付する）のが良いでしょう。

そして、残った「Ⓕ気に入っていて、いつかもう一度読みたい本」「Ⓗ人に貸したい本」「Ⓙインテリアとして飾りたい本」で本棚の空きスペースを構成していきましょう。

クローゼットを衣替えするように、本棚も定期的に全部出ししてリフレッシュしましょう。本棚を眺めて、うっとりするような本ばかりの状態をつくれると、毎日の読書が捗りそうですよね。

ワンモア
アドバイス

本の装丁が気に入っているわけではなく、参考文献として残しておきたいものは、スキャン代行サービスに送ってデータ化するのもオススメです。電子書籍と紙の本を、本の種類によって使い分けるのもいいですね。

［モノとの向き合い方①］

Method 28

部屋に置く理由を言語化する

読了時間 2 min

部屋にあるモノを、1つ手に取ってみてください。

そのモノはなぜそこに存在するのでしょうか?

モノを所有する理由は基本的に、

・使うから
・愛しているから

このどちらか（あるいは両方）です。

ほかにも、コンプレックスやしがらみ、執着で捨てられない場合や、処分するのが面倒で、漫然とそこにある場合もあります。

「使う」「愛している」のなかでも、使用シーンだったり愛する理由だったり、その背景で分類すると、人それぞれさらに細分化されていきます。

・家族との思い出のモノ
・好きなアーティストを応援するためのモノ
・なりたい自分になるための自己投資
・希少価値の高いコレクションアイテム

など、一口に「愛するモノ」といってもさまざまな種類が存在します。

片づけの真髄は、所有の意味と向き合うことです。モノをいま持っていることに対して「なぜ？」を繰り返し、その理由に応じて最適な配置をしていくことで、部屋は使いやすく機能的になります。

モノの所有は、禅問答に近いです。**「なぜ必要か？」を繰り返し、モノと自分の関係性を言語化しましょう。**

たとえば「この着物は、着る予定はないけれど、愛

するおばあちゃんが遺したものだから、捨てたくない」というケース。この感情を、「愛」と分類するか「しがらみ」とすべきか、本人でも判断が難しいですよね。明確な分類は難しくても、このように理由を深掘りできると、次のステップ（「洋服やバッグにリメイクする」「大切に着てくれる人に譲る」など）を提案しやすくなります。

「私はこのモノを、こういう理由で所有しているので、このように部屋に置くのが適切だ」というように、自分が納得できるストーリーをつくりましょう。一度定義を決めてしまえば、衣替えや引っ越し、ライフスタイルの変化など、モノと向き合うタイミングで行なう判断がグッと早くなりますよ。

ワンモア
アドバイス

クライアントさんの部屋の片づけでは、ビニールシートの上で4象限のマトリックス表を作ってモノを分類することが多いです。コレクション品であれば、縦軸に愛着、横軸に手に取る頻度とします。自分のなかで愛着順に持ち物をランキング付けすると、大好きなコレクション品に、より新鮮な気持ちで向き合えるようになりますよ。

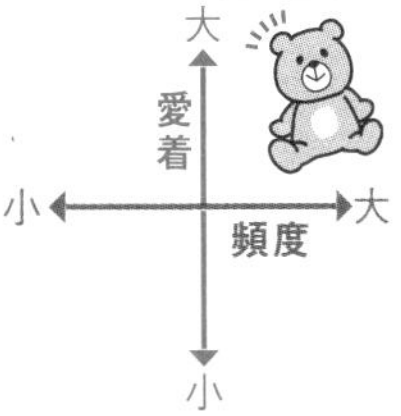

Method 29

コンプレックスは シェアして昇華

読了時間 2 min

「使う・使わない」の分類は誰でも客観的に判断できるものですが、「愛する・愛さない」の分類で、悩んでしまう人が多いようです。とくに迷うのが、**「コンプレックスで所有しているモノ」**の扱いです。

続けられなかったダイエット器具、挫折してしまった資格試験教材、昔痩せていた頃に着ていた服……。過去の自分を否定してしまうようで、手放すのが怖い気持ちはよく分かります。しかし、愛情とコンプレックスは似て非なるものです。

コンプレックスで残しているモノが視界に入ると、新しい挑戦への意欲が奪われて、部屋全体の居心地を悪くします。とはいえ、**ゴミとしてに捨てるのは良心が痛む。そんな場合は、積極的にシェアしましょう。**

自分にとってはコンプレックスを感じてしまうモノでも、それを必要と感じている人にとっては、憧れのモノかもしれません。

少しでも迷ったら、メルカリなどで同じアイテムの相場を検索してみてください。高く売れていれば、ほかの人が欲しがっている証拠。逆に値段がついていないようであれば、あなたにとってもほかの人にとっても、不要なモノかもしれません。

「自分はこのモノを愛しているのか？」という視点だけでなく、**「このモノは私の家にいることが幸せなのか？」**という視点からも、モノと向き合ってみてください。

ワンモア
アドバイス

少し読んでみて合わなかった本は、捨てずにほかの誰かに譲りましょう。状態が良ければ図書館に寄付して、また縁があれば自分が借りればよいのです。周囲で引き取り手が見つからなければメルカリなどへ。発売から日が浅ければ、それほど値崩れなく売れてしまいます。

Method
30

家族のモノに困っても不満を口にしない

読了時間 3 min

Evidence

「パートナーがすぐに部屋を散らかす」「家族が非協力的だから部屋が片づかない」と不満に感じている方もいます。

株式会社サマリーが行なった調査によると、モノについて揉《も》めた経験のある夫婦は約7割、モノのトラブルが原因で結婚を後悔している夫婦は約5割にものぼるそうです。あなたがもしご家族とのあいだでモノに関する悩みを抱えていても、それはよくあることなのです。

そういう方は、相手を変えるより、「家庭のルール」を変えて解決しましょう。

片づけが苦手な人に「片づけろ」と言っても、その場しのぎの行動をとるのが関の山で、ほとんど意味がありません。大切なのは、**共有スペースと個人スペースを明確に線**

引きし、個人スペース内はお互いに口出しをしないことです。

それぞれに個室がある場合は、明確にスペースを分けやすいでしょう。洗面所など共有で使う場所においても、棚の段ごとに収納スペースを分けて、各自のスペース内でやりくりするようにします。

「出しっ放し」は夫婦で改善する

不思議なもので、パートナーのモノは、自分のモノより目障《めざわ》りに映るものです。「出しっ放しで、片づけてくれない」などと文句を言う前に、**「モノを出した後、元に戻しやすい環境になっているか？」**を振り返りましょう。

リビングにパートナーの服が脱ぎ捨てられていたら、「リビングに脱衣カゴを設置しようか？」と提案してみてはいかがでしょうか。調味料を出しっ放しの場合、そもそも調味料ケースにモノが詰まっていて戻しにくいだけかもしれません。一度パートナーと「全部出し」にチャレンジしてみてください。

あなたが、パートナーよりも片づけが得意ならば、相手に合わせて収納の難易度を下げましょう。大人も子供も、片づけが得意な人も苦手な人も、忙しい人も忙しくない人も簡単に片づけられる、ユニバーサル（汎用的）な設計にすれば、家族も自分もラクになります。

そもそもパートナーのモノが多すぎて、イライラを募らせている方もいるかと思います。自宅の収納スペースは限られています。そんなときは、**スペースを均等配分した後、モノが少ないほうが多いほうに場所を譲りましょう**。

2人のモノが多い場合は、使用頻度の低いモノを外部収納サービスに預けます。出産など、「引っ越しはできないが、家族のモノが増える」タイミングにおいても、この方法は有効です。

ワンモア
アドバイス

夫婦で話し合うと大喧嘩に発展してしまうことも。どうしても解決できなければ、私たち整理収納アドバイザーに相談してください。第三者からの客観的な指摘であれば、気持ちよくルールを受け入れられるかもしれません。

第5章

あなたの部屋にも、書斎はつくれる

——米田流「精神と時の部屋」のつくり方

部屋が片づいたら、
いよいよ集中できる部屋をつくります。
在宅勤務の方、自宅で勉強する方などは必見。
10倍集中できる部屋づくりの
ポイントをご紹介します。

Method
31

1畳あれば、仕事はできる

読了時間 4 min

漫画『ドラゴンボール』の「精神と時の部屋」を知っていますか？

その部屋では、外界の世界よりゆっくり時間が流れており、何もない空間のなかで悟空《ごくう》やベジータが集中して修行に励むことができるのです。

「精神と時の部屋」が自分の家にもあったら……、そう夢見た人は多いはずです。

「でも、自分の家は狭すぎて、仕事できるスペースなんかないよ」

「子供が大きくなって自分の部屋がなくなったから、絶対に無理！」

そう思っているあなた、諦めないでください！

1畳あれば、書斎はつくれます。

ウソではありません。

住宅設計においては、

- **1畳あれば最低限**
- **2畳あれば十分に**
- **3畳あれば豪華に**

書斎スペースをつくることができます。

専用の個室がなくても、**机と椅子、小ぶりのカラーボックスがあれば、簡易的な書斎がつくれます。**

1畳書斎のレイアウトについては、一級建築士のヒロさんが経営されているSekkei Supportで公開されている間取りが参考になるので紹介します。

1畳書斎レイアウト（単位：㎜）

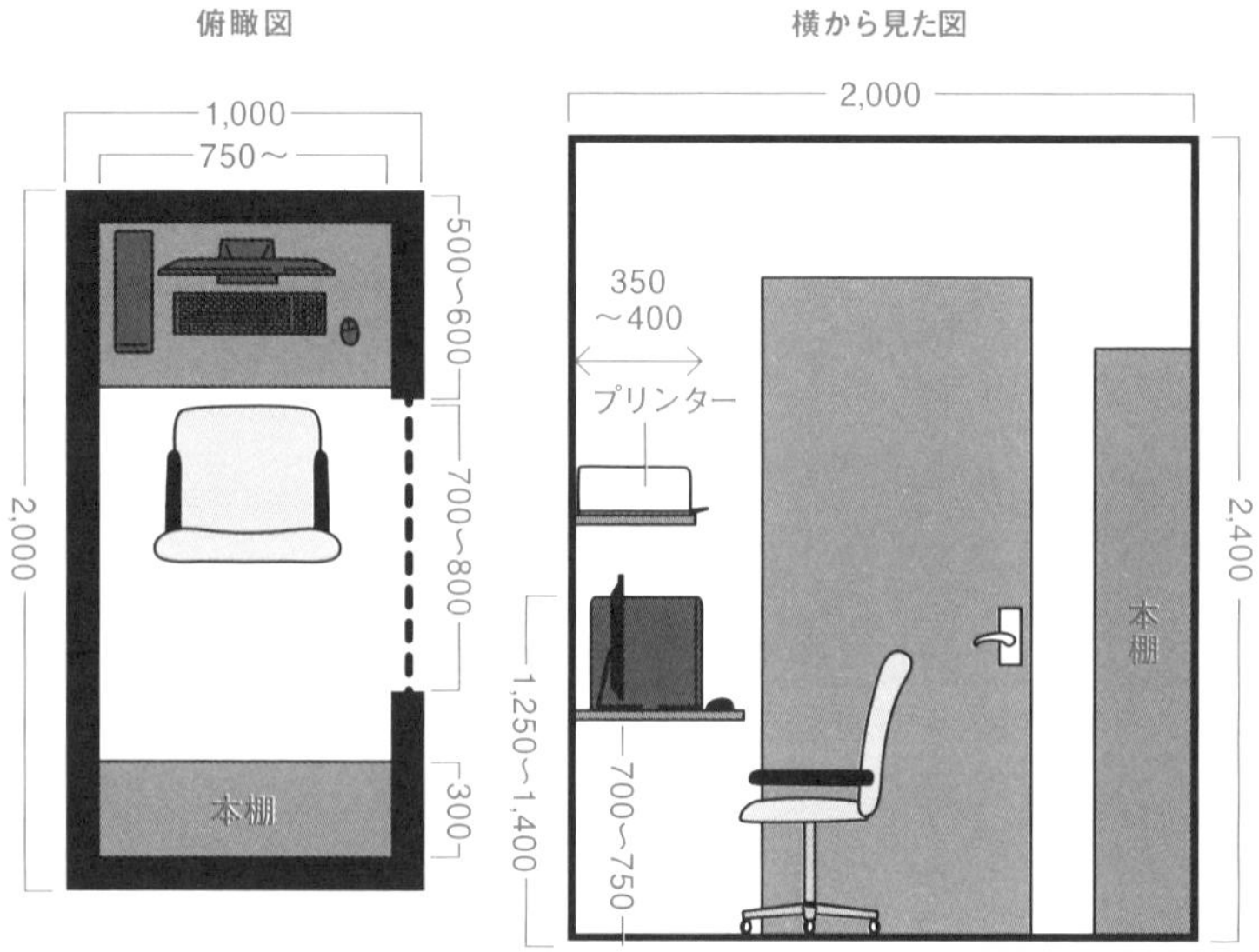

※デスクサイズは、横幅75cm、奥行きが50～60cmで十分です。椅子を前後に動かせる範囲は、70～80cm設ければOKです。「Sekkei Support」HPをもとに作成

最近は、「テレキューブ」という電話ボックス型のテレワークスペースが、駅構内やショッピングセンター内に設置されていますが、その床面積は約0・8畳程度。ちなみにテレキューブの利用料は個人利用の場合、15分で250円です。同じスペースが自宅内につくれたら経済的ですね。

また、カフェで仕事をする方も多いでしょう。開放感があり、広い印象を抱きがちですが、**一般的なカフェだと、1坪あたり平均2席程度と言われています。畳に直すと1席あたり0・9畳**。自分が使えるスペースは1畳もないのです。

1畳のスペースは簡単につくれる

寝室やリビング、キッチンの一角など、1畳分のスペースを家の中で探しましょう。パッとスペースが思いつかなくても諦めないでください。使っていないトレーニングマシーン、引っ越し以来開けていない段ボール箱、衣替え用の衣装ケースなど、「いま使わないモノ」を動かせば、1畳は捻出できるはずです。

1.6畳書斎レイアウト（単位：mm）

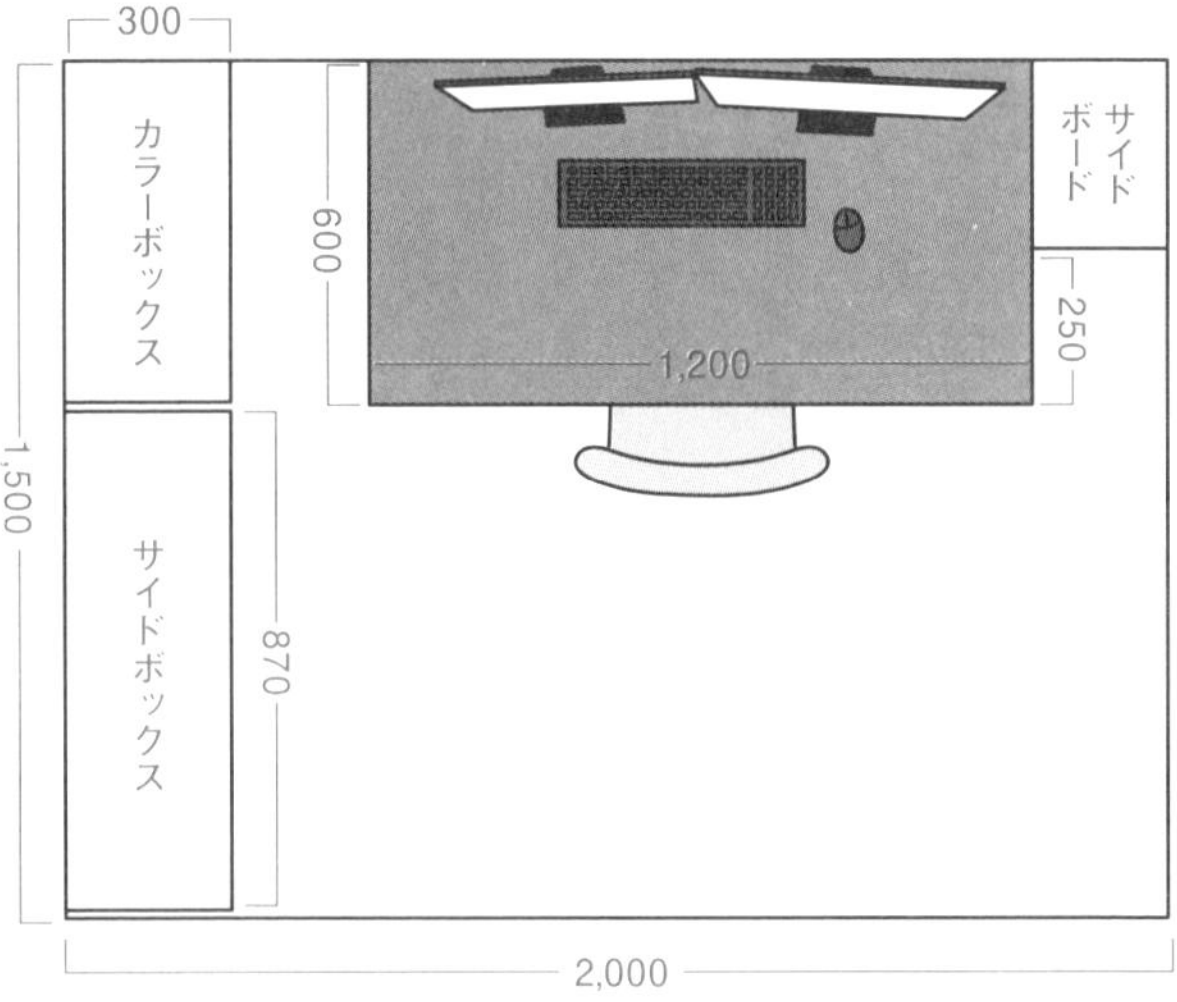

リビングなど、家族との共有スペース内に書斎をつくる場合は、可動式パーテーションで空間を区切るのも良いでしょう。

ちなみに、前ページがわが家のワークスペースのレイアウトです。部屋の中心を「仕事・勉強すること」にしているので、少し広めに1・6畳分のスペースを使っています。作業が終わったら、椅子を戻してラグに座り、運動したり、テレビを見たりしてくつろぎます。

ワンモア
アドバイス

書斎スペースを探すときは、コンセントの場所も併せて確認してください。レイアウトとしては、机を壁または窓に向けて設置すると、作業中に人の気配が気にならなくて良いですよ。

Method 32

「気軽に話しかけさせない」結界を張る

読了時間 3 min

リビングで仕事をする人の多くが、「家族が目の前を通って気になる」「子供が騒いで、まったく集中できない」といった不満を抱えています。

そんな方は、**家庭内に「聖域」をつくる**ことをオススメします。

パーソナルスペースの広さには個人差がありますが、たとえ家族でも、自身のパーソナルスペースに立ち入られると集中力が削《そ》がれてしまうもの。

物理的に自宅の床面積は増やせないとしても、仕事に集中できる「聖域」をつくることで、心理的に部屋を広く感じさせることができます。

自分の領域を意識的につくる際、便利なのが**「ラグマット」**。

デスクを取り囲むようにして少し余裕を持たせてラグを敷い

てください。家具や植物を目印に使ってもいいでしょう。「仕事中はこのスペースには立ち入らない」というルールを、あらかじめ家族で共有しておきましょう。

ただし、せっかく聖域をつくっても、そこに洋服や趣味のモノが散らかっていると集中力が乱されてしまいます。そこで、聖域の入り口に大きめのバスケットカゴを設置し、「聖域内で出しっ放しのモノは、とりあえずこのカゴに放り込む」というルールをつくると、忙しくても散らかる心配がありません。

視覚的にも1人の空間を作って集中したいという方は、自宅用の伸縮式パーテーションがオススメ。1万円前後で販売されています。急なオンライン会議の際にも、部屋の様子が映らず、便利です。

作業状況を可視化する

スペースを確保するのと同時に、話しかけないでほしいタイミングを可視化することも大切です。

第2章（111ページ）でもお話ししましたが、作業中に人から話しかけられると、作業効率は大きく下がってしまいます。ご家族の立場からすれば、四六時中物音を立てたり、話しかけてはいけない状況を強いられては、生活しづらいものです。

自分の作業内容は、わかりやすく「見える化」することで、家族にも迷惑をかけず快適に過ごせます。

たとえば色画用紙などを使って、自分の作業状況を視覚的に開示する方法です。

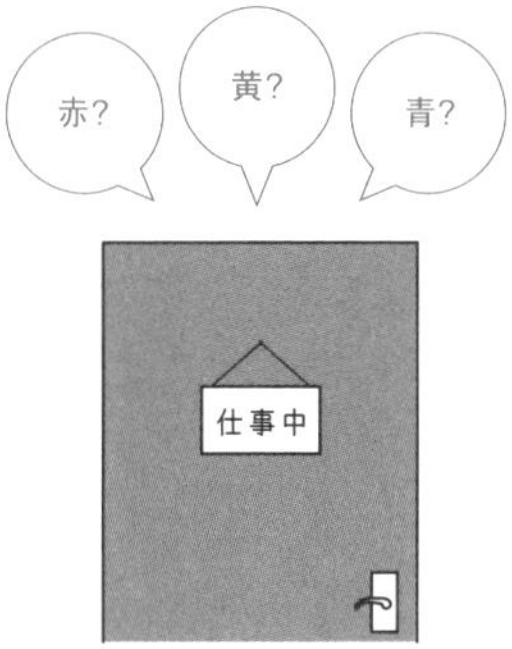

赤色は「オンライン会議・電話中」。掃除機や洗濯など、音の出る家事全般を避けてもらいます。開始時間があらかじめ決まっている会議は、朝の時点で家族に知らせておきましょう。

黄色は「集中したい作業中」。話しかけたりテレビを流すなど、気が散る行動は避けてもらいます。

青色はメールチェックなどの「軽めのタスク中」。この間は騒音ＯＫとし、ご家族にもリラックスして過ごしてもらいます。物理的な色画用紙でなくとも、LINEスタンプなどで現状を共有しても良いですね。

ご家庭の住宅事情によって、個室が持てない方もいるでしょう。しかし仮に個室がなくても、「聖域＋家族への意思表示」で、個室に近い環境は再現できます。

また、狭くても個室で作業をしたいという方は、寝室のレイアウトを工夫して、1畳分でもスペースを確保できないか、検討してみましょう。なかには、ウォークインクローゼットを書斎にしている人もいます。モノを動かせば、1畳分のスペースは、きっと捻出できます！

あきらめずにチャレンジしてみてください、

ワンモア
アドバイス

ノイズキャンセリング付きのイヤホンは、作業に集中できるだけでなく、家族から見ても「イヤホンをつけているときはなるべく話しかけない」とわかりやすいのでオススメです。

Method
33

「燃え尽き症候群」は、デスクと椅子の高さで防止

読了時間 5 min

「オフィスより自宅で仕事をするほうが、長時間働いたように感じ、疲れやすい」

という声を多く聞きます。

「やっぱり自分には、同僚との会話が必要なんだ」と結論づける方も多いのですが、**デスクと椅子が、あなたの座高に合っていないだけかもしれません。**

Evidence

産業衛生学雑誌に掲載された論文（「フリーアドレス形式オフィスレイアウトでのVDT作業者の姿勢および身体的疲労感」2006年（※））から、興味深い結果が明らかになっています。

この研究では、システムエンジニア職に従事する人を対象に、固定席とフリーアドレス座席（固定席が決まっておらず自分で座る席を選ぶ形式）それぞれのグループで、作業時間

※独立行政法人産業医学総合研究所

とストレス・疲労の関係性を調査しています。

結果として、フリーアドレスのグループは、踵《かかと》が浮いた姿勢で作業している人が多いため、目の痛み・首や肩の凝りのほか、長く働いたことによる「精神疲労」が症状として表れました。

これらの症状が蓄積すると、**「燃え尽き症候群（バーンアウト）」**につながります。

燃え尽き症候群とは、「いままで熱心に仕事に取り組んでいた人が、急に熱意や意欲を失ってしまう」状態を指す言葉です。無気力・無感動になる、仕事に対してやる気や情熱を感じられなくなる、相手に対してぞんざいな対応をするといった兆候が表れます。

これは誰にも起こりうることですが、未然に防ぐことができます。それが、デスクと椅子の高さ調整なのです。

デスクと椅子の高さを調整しよう

先述の研究では、被験者のうち、机や椅子そのものに不満がある人は両グループで差異がなく、「机や椅子自体が悪いのではなく、フリーアドレスの場合は、細かな高さ調節を怠ったため、踵が浮いていたのだ」と結論づけられています。

Evidence

あなたのデスク・椅子の高さは何㎝でしょうか？

日本オフィス家具協会（ＪＯＩＦＡ）によると「最適なデスクの高さ」は、１９７１年に70㎝、１９９９年以降では72㎝とされています。そのため市販のデスクは70〜72㎝のものが一般的です。

ただし、このデスクの高さは、書き仕事が中心の時代につくられたものです。**キーボード作業が主流となった現在では、５㎝程度低く調整したほうがよいでしょう。**１６２㎝の私の身長では、70㎝の高さは少々使いづらく感じます。

デスク高さの計算には、ゲーミング家具ブランド　Bauhutte のＷＥＢサイトが参考になります。身長を入力すると、最適なデスク・椅子の高さが表示されるシミュレーターもあるので、ぜひサイトをチェックしてみてください（https://www.bauhutte.jp/bauhutte-life/tip2/）

机の高さから理想の座面高を求める公式

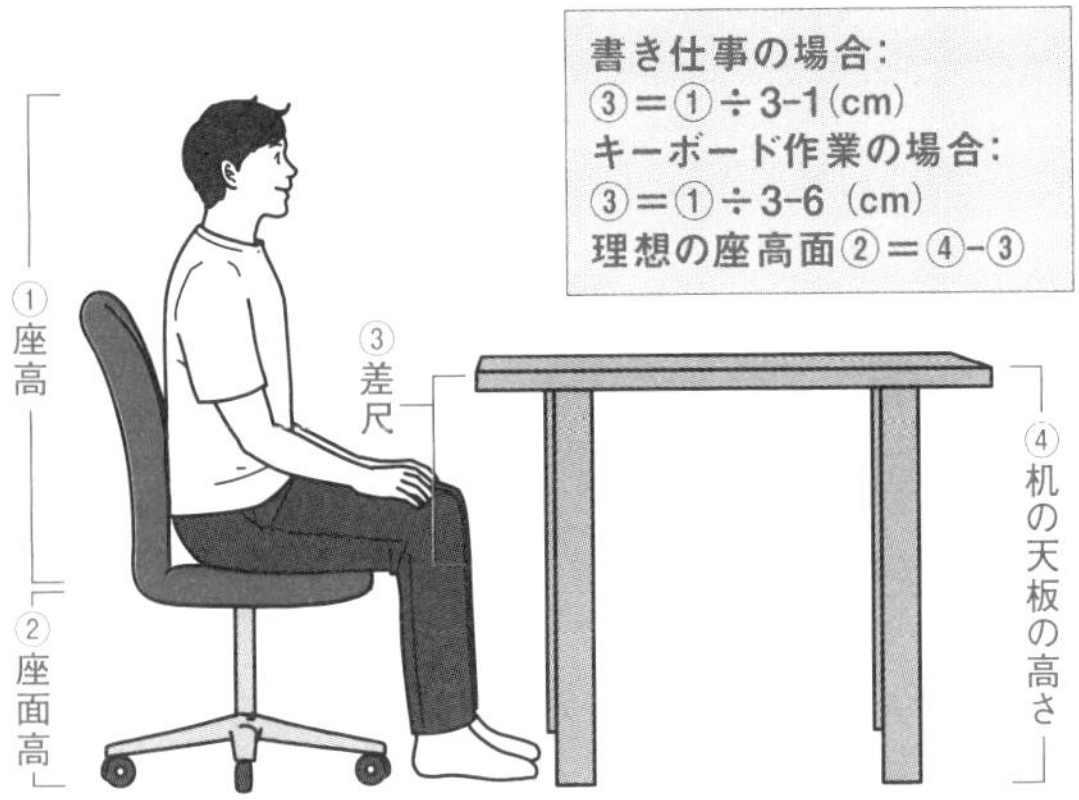

上の図は同サイトからの引用ですが、「差尺＝座高÷３－６㎝」が理想の水準とされています。

私は身長１６２㎝、座高は80㎝なので、キーボード作業の場合、シミュレーターより座面高は40㎝（机の高さは63㎝）が最適な高さです。身長１７０㎝の方の場合は、座面高42㎝（机の高さは67㎝）が最適サイズです。

奥行きはディスプレイの大きさで決まる

「これからデスク・椅子を新たに買おう」という方は、昇降式デスクと高さ調節のできる椅子がオススメです。いまの机の高さが身長に合わない場合、「フットレスト」で調整することも可能です。安価なものであれば1000円程度で購入できますし、ご自宅のクッションやスノコなどでも代用できます。

踵が浮いたままの状態で座り続けてしまうと、腰痛の原因になります。深く腰掛けても踵が浮かないように、椅子の高さを調整するか、フットレストを置いて座面高を調整しましょう。

ちなみに私はFLEXISPOTの電動昇降デスクを使っています。リモコンで高さを63cm〜126cmの範囲で簡単に調整できるので、PC操作時は64cm、教科書で勉強するときは70cm、打ち合わせ中は106cmでスタンディングにして使い分けています。

デスクの高さは1cm単位で調整が必要ですが、幅と奥行きはもう少しざっくりでも構いません。JOIFAによると、デスク幅は100cm、奥行きは60〜70cmが、オフィスレイアウトでの最適水準とされています。ただしこれは、かなり広い作業スペースがある場合。

ご自宅の作業スペースがもう少しコンパクトなら、そこまでの奥行きは求めることは難しいでしょう。**小型モニターやノートＰＣで作業する場合、奥行き45㎝×幅70㎝あれば、余裕をもって作業できます**。

普段オフィスで大型ディスプレイを使って作業している方は、使いたいディスプレイの大きさに応じてデスクの奥行きを決めましょう。わが家ではＥＩＺＯ 23・８インチディスプレイとノートＰＣをデュアルモニターで使っており、デスクの奥行きは68㎝です（１８７ページ写真参照）。

ワンモア
アドバイス

腰痛や肩こりは、自宅作業の大敵。１㎝机の高さが合わないだけで、パフォーマンスは大きく下がってしまいます。メジャーを使ってぜひデスクと椅子の高さを測ってみてください。

Method
34

自分へのご褒美に、良質なキーボードを

読了時間 3 min

デスク周りのガジェット（小型の電子機器）は数多く販売されており、好みも人それぞれです。「一気に買い揃えよう！」と意気込むと、気力もお金もかかります。

また、ガジェットを買いすぎて、机の上に置きっ放しのモノが増えてしまっては本末転倒。

すべてを一度に揃える必要はありません。本当に必要なものを一点ずつ買い足していけばいいのです。買ってみて、合わないなと感じたときは、早めにメルカリなどで売ってしまいましょう。新品を買ったときも、古いガジェットは人に譲るか売却します。

ご参考までに、次ページにわが家のデスク周りのアイテムを紹介します。

集中力が高まる最強ガジェット布陣(著者の例)

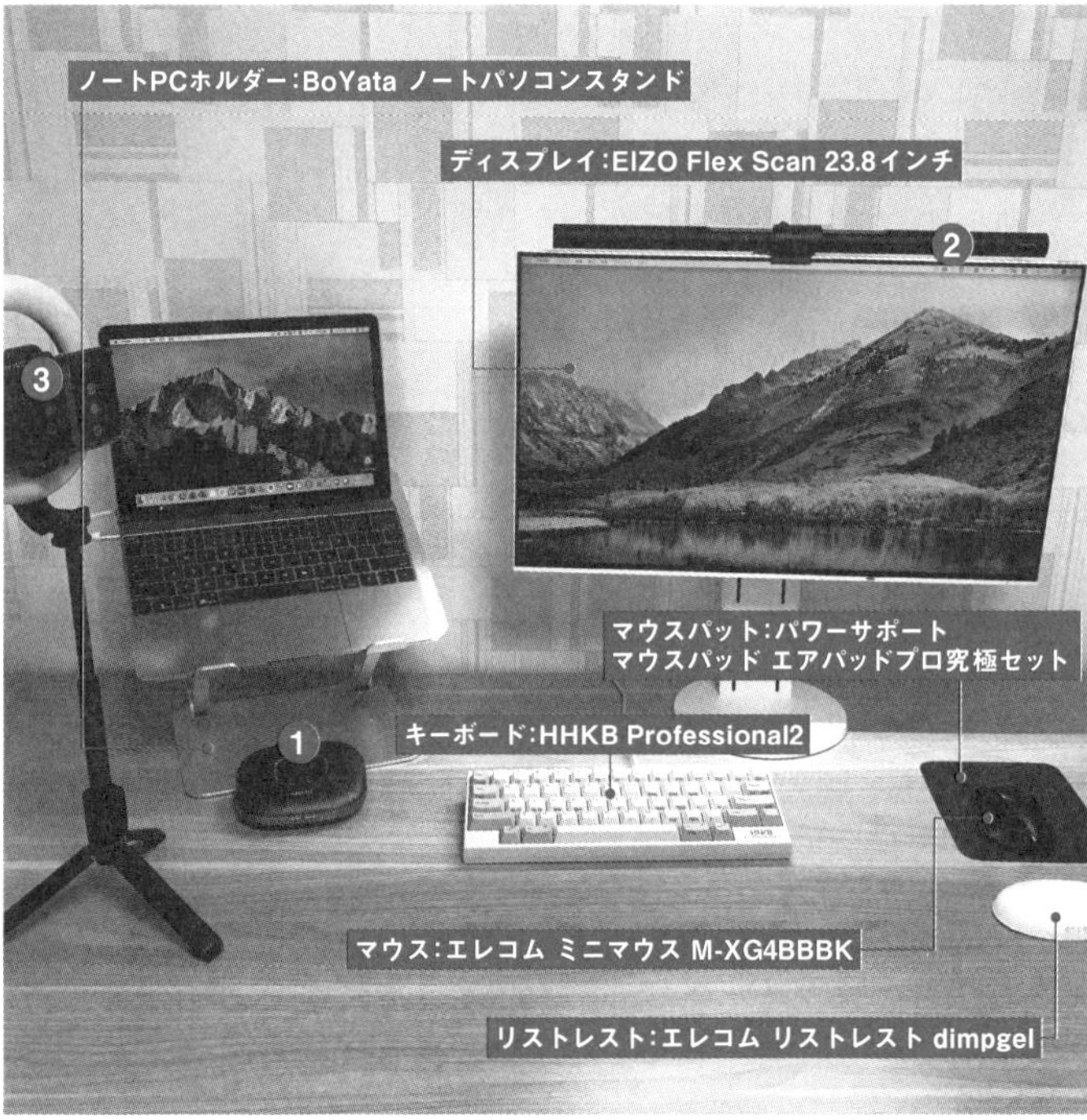

オンライン会議用ツール

❶マイク:Anker PowerConf スピーカーフォン
❷掛け式ライト:BenQ ScreenBar
❸撮影用:リングライト付Bluetoothセルカ棒

何から揃えればいいか迷う方は、長時間触れる「キーボード」を最初に検討することをオススメします。在宅勤務では、チャットやメールでコミュニケーションをとる時間が増えました。自分にとって使いやすいキーボードを選ぶべきです。

価格は安いものから高いものまで幅がありますが、長く使うものなので少し奮発して良いものを購入してみましょう。

私の場合、同僚のエンジニアにすすめられ、HHKB（Happpy Hacking Keyboard）Professional2を購入してみましたが、1日1万字を打ってもまったく手が疲れません！

ワンモア
アドバイス

オンライン会議の多い方は、マイク、補光ライト、カメラを買い足してもいいでしょう。ガジェット類は、机のスペースを広く使うため、空間を効率的に利用したグッズがオススメです。BenQの掛け式デスクライトは、モニターに引っ掛けるタイプなので面積をとらず、机を広く使えて便利です。モニターアームでスクリーン自体を浮かしてしまうのも◎。

［アダプターの整理術］

Method
35 増え続けるアダプターをスッキリ整理する

作業時間 5 min

在宅勤務を始めた方からは、**「アダプターやコード類が増えすぎて困る！」**という声を多く聞きます。ＰＣの充電、モニターなどで使うＡＣアダプターが増え、管理に困っている方も多いのではないでしょうか。

いざ仕事をしようとすると、突然、用途がわからないアダプターが出てきたりします。「この本体、どこにあるんだっけ？」「Wi-fi-ルーターの備品だと思うんだけど……」などと言って、まったく作業に集中できません。

いずれもアダプター類を適当に管理しているために起こることです。

そこで、つねに使用するアダプターと、それ以外のアダプターは分けて管理しましょう。

つねに使用するモノは、モニター電源、ノートPCアダプター、スマホ充電ケーブルなどです。これらは、下のイラストのような「ケーブルボックス」にまとめて、絡まらないように保管しましょう。

ホコリが溜まりやすいので、定期的に拭き掃除をしてください。デスクにケーブルオーガナイザーやワイヤーネットを取り付けて、配線を浮かせて収納するのもオススメです。

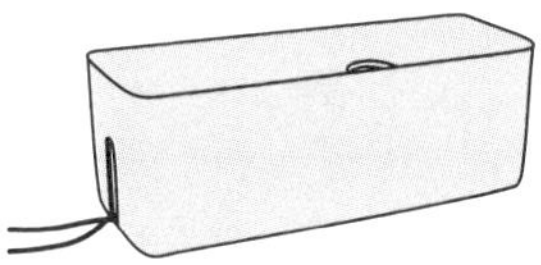

毎日使わないアダプターは小分けして収納

毎日使わないアダプターは、用途別に透明のジッパー付きビニール袋に小分けにして収納し、使用後はその都度コンセントから抜いて、袋に戻しましょう（使った後は差しっ放しにしないように！）。複数の種類を同じに袋に入れず、「PC用品」「カメラ用品」「スマホ用品」など、用途別に小分けにして、ラベルシールを貼っておくと一目で中身がわ

アダプター収納の良い例と悪い例

×悪い例

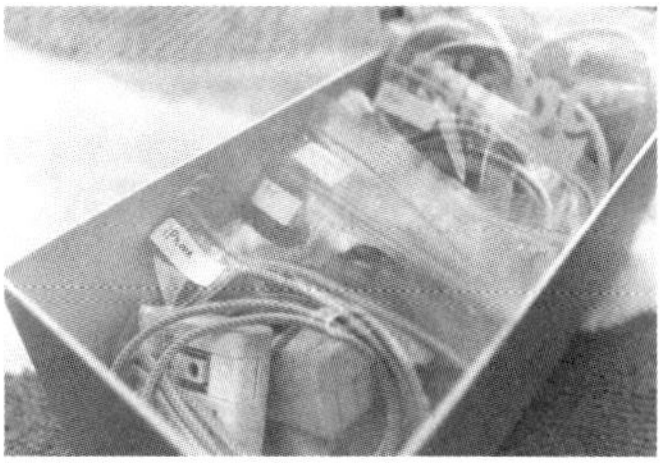

〇良い例

かります。

めったに使わないけれど単体では購入できないアダプターは、1つの袋にまとめていったん押入れにしまいましょう。とくに使用頻度が低い家電のアダプターは、家電本体にマスキングテープで貼り付けて同じ場所に保管すると失《な》くす心配がありません。

また、**半年経っても使う気配がないアダプターは、思い切って処分しましょう。**Wi-fiルーターや住宅備品など、賃貸住宅で捨てると問題がおきそうなら、貸主に問い合わせて確かめてください。

アダプター類が床の上に散らばっていると、ホコリの温床になり、火災の危険につながります。毎日つなぐものとそれ以外のものは分けて、スッキリと管理しましょう。

【アダプターの整理法】

STEP1 毎日使うアダプターと、たまにしか使わないアダプターを分ける

STEP2 毎日使うアダプターは、ケーブルボックスで管理する

STEP3 たまにしか使わないアダプターは、透明のジッパー付きビニール袋に小分けして、使用するたびに出し入れする

STEP4 半年以上使わないアダプターは、思い切って捨てる

ワンモア
アドバイス

オフィスや自宅など複数の場所でアダプターやガジェットを使う方は、カラフルなクリップやバンドをアダプターの個数分用意して、束ねて透明のジッパー付きビニール袋に入れればからむこともなく、失くすのを防げますよ。

［タスク管理］

Method
36

冷蔵庫を、家事のタスクボードにする

作業時間 2 min

どんなに部屋を片づけしても、在宅勤務は誘惑のオンパレード。

とくに家事に対する罪悪感には要注意です。

「洗い物をやらなきゃ」「役所に電話するのを忘れていた」と仕事中に思い出すと、集中力が途切れてしまいます。

未完了の家事が思い浮かんだら、**物理的にアウトプットしましょう。**

そのために役立つのが、「冷蔵庫」です。

私は冷蔵庫を家事のタスクボードとして使用しています。メモ帳・マグネット・ボールペンをカゴに入れて冷蔵庫の上に置き、「この食材を買う」「洗い物をする」「お米を炊く」など思い出した家事のタスクをメモ帳に書いて、冷蔵庫に貼っておきます。冷蔵庫は数時間に1回開閉するため、そのたびに目に触れるので、忘れる心配もありません。

仕事中にふとほかのタスクを思い出してしまうと、作業の効率が落ちてしまいます。

冷蔵庫をタスクボードとしてうまく活用し、「書き出して、瞬時に家事のことを忘れる」技術を身につけましょう。

ただし、割引クーポンや地域のお知らせなど、何でもかんでも冷蔵庫に貼るのはオススメできません。冷蔵庫を開閉するたびに、潜在意識の中で、貼っているチラシのことを考え始めてしまいます。

冷蔵庫には、最低限のメモだけを貼り付ける。そのメモも1日の終わり（あるいは朝）に見返し、終わったタスクや不要なメモは処分するようにしましょう。

ワンモア
アドバイス

「月曜日にゴミを捨てる」「○日は娘の入学式」など、日付が決まっているタスクであれば、スマホのカレンダーに登録&リマインダーを設定しておくのもいいでしょう。

［模様替え］

Method
37

作業内容によって「プチ模様替え」して効率アップ

読了時間 4 min

本格的に在宅勤務を導入している人だと、自宅で7時間程度（長い人だと12時間）ずっと集中し続けることになります。

オフィス勤務の場合は、デスク・会議室・休憩スペースなど、複数のワーキングスペースを使い分けることで気分転換できますが、自宅だとそうはいきません。

誰からも話しかけられることもないし、目に入ってくる景色も基本的に一緒。オフイスと同じように集中したり、気分転換するにも限界があります。

自宅でもメリハリをつけて作業するためには、「変化」が必要です。そこで、小さな「模様替え」をしてはどうでしょうか？

たとえば、私の場合、作業内容に応じて次ページのように環境を変えています。

①事務作業をするとき

経理処理や何かを書き写すなど集中して作業をしたいときは、視界に入るモノをゼロにすること。 机の上のモノは限りなく排除し、椅子の周りの床も片づけて、自由に椅子を動かせるスペースを確保しましょう。

机の上がゼロのこの状態を「デフォルト」にしておくことが重要です。

②クリエイティブな作業をするとき

企画書作成や新規アイディアのブレストといったアウトプット作業のときは、意図的にモノを置いて散らかします。関連する本や、リラックスグッズ・人形など「適度

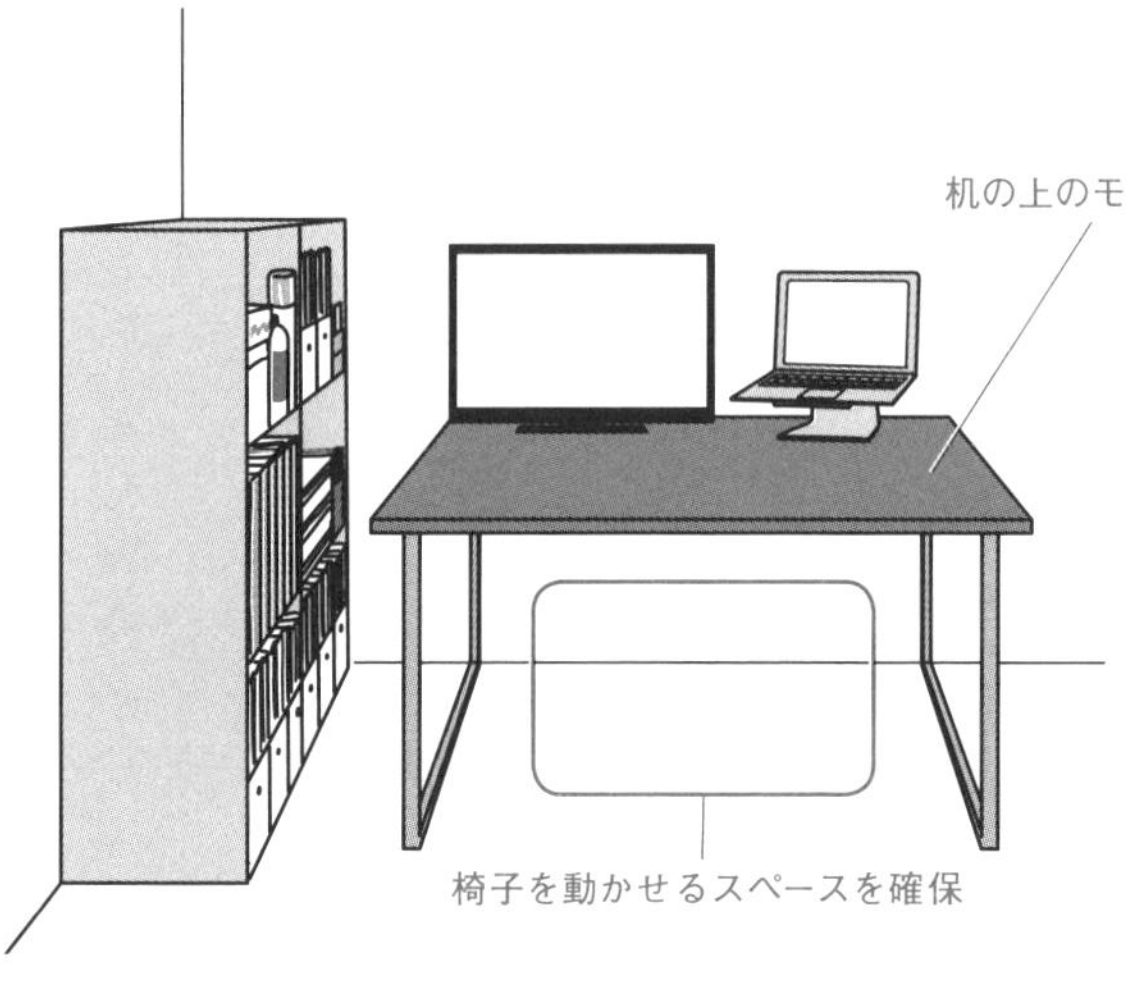
机の上のモノはゼロ
椅子を動かせるスペースを確保

な異物」を視界に入れて、発想を活性化させましょう。

Evidence

ミネソタ大学のキャスリーン・ヴォース教授も、「散らかったデスクこそが創造力を掻き立てる」という研究結果（※）を発表しています。

集中力と創造力は、相反する部分があります。１つのことに集中することで作業効率は上がりますが、複数のことに漫然と思いを巡らせているときのほうが、じつは新しいヒラメキが生まれやすいのです。

ポイントは、**散らかりが「恣意《しい》的（意図的）」であること**です。

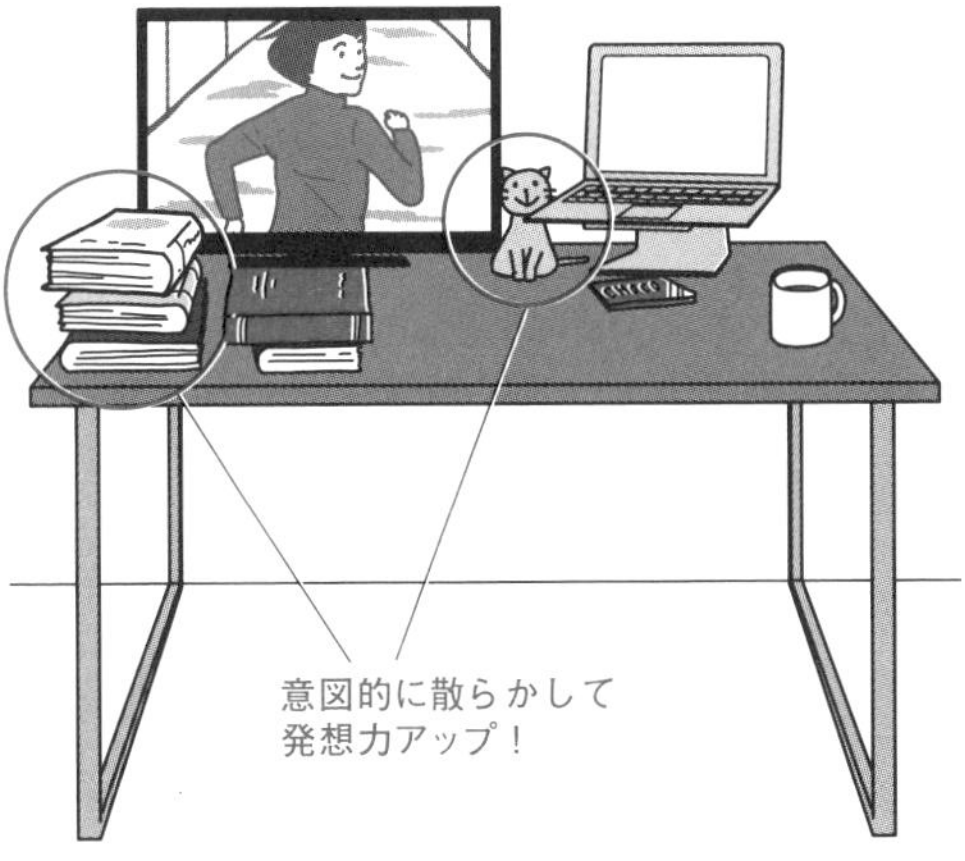

※「A messy desk encourages a creative mind, study finds」American psychological association・October 2013, Vol 44, No.9

私は雑貨屋さんのヴィレッジヴァンガードが好きでよく訪れます。一見混沌《こんとん》としているように見える店内でも、お店のレイアウトやセレクトされたアイテムは、お客様が楽しめるように考えて配置されています。

デスクも同じです。アイディアが湧き出てくるような洋書やパンフレットが並んでいる状態と、やり残したタスクを連想させる書類が積み重なった状態では、心地よさは天と地ほど異なります。あえて前者のアイテムを配置するのです。

心地よい混沌は、意図的につくります。

机の上がゼロの状態をデフォルトにしておけば、クリエイティブモードに入るときだけ必要なモノを意図的に配置し、集中したいときはモノを片づけるだけでOKです。

作業に集中するのも、クリエイティブなアイディアを練るのも、両方同じ自宅のデスクで実現できれば好都合です。まずはデフォルトをゼロにし、混沌をコントロールしていきましょう。

③オンライン会議のとき

Ｚｏｏｍなどのオンライン会議の際に、背後に部屋が映ってしまう構図だと、生活が丸見えで落ち着きません。Ｚｏｏｍにはバーチャル背景もありますが、ほかの会議システムでは背景を設定できなかったり、フォーマルな面談では背景を使いづらかったりもしますよね。

デスクのすぐ横に壁や窓がある方は**ＰＣを90度動かしてみましょう。こうすると壁＋インテリア用品数点だけが画面に映り、プライバシーが守られて快適です。**

また、昇降デスクは、生活感を隠すのにうってつけです。デスクの高さを１２０㎝くらいまで上げてしまえば、ベランダに洗濯物を

干していてもまったく映りません。会議の60分間立ち続けることで運動になりますし、長時間話を聞いていても眠くならず一石二鳥です。

昇降デスクに買い換えなくても、高さが調節できるPCスタンドをデスク上に置くことで代用可能です。スタンドアップミーティング、ぜひ試してみてください。

④作業に飽きたとき

机で作業するのに何となく飽きたときは、**「あえて変な場所でやる」**。苦し紛れですが、マンネリを防止する意味でも効果的です。私がやっていることをご紹介します。

- **・イスにPCを置いて、床に座って作業する**
- **・キッチンカウンターにパソコンを置いて、立ったまま作業する**
- **・ベランダのガーデニングチェアで作業する**

普段とは違う環境で作業をすることで、頭も気分もスッキリな状態を保てます。ただし、あくまで気分転換も兼ねた「緊急対応」。30分以上続けると肩こりの原因になることもあるので短時間にとどめましょう。


人目がないと集中できない、という方も、いくつか対処法があります。

まずはYouTubeで、「一緒に勉強」「カフェで雑音」で検索してみてください。シチュエーションに応じた音源がたくさんあります。

または、お友達や同僚と、ビデオ通話をつなぎっ放しにするのも手です。つなぎっ放しにはDiscordというアプリがオススメで、私も使っています。最近では月額課金で、勉強を遠隔から監視してくれるサービスまで出

陽に当たると
気分もアガる!
ヨガマットを
敷くのも
グッド!

ているようです。

ワンモア
アドバイス

浴室は、じつは集中するのにうってつけの場所です。バスタブにクッションを置いて、フタを机がわりにすれば、即席ネットカフェに早変わり。電子書籍リーダーを防水ケースに入れて持ち込むのも便利ですよ。試してみてください。

Column

東大生の8割以上が、リビング学習をしている

あなたは普段、どのくらい「勉強」をしていますか？　仕事が忙しい方は、なかなか机に向かって勉強をする時間が取りづらいかもしれません。そういう方にオススメなのが、リビング学習です。

Evidence

『東大脳の育て方』（主婦の友社）によると、東大生のじつに83％がリビング学習をしています。

これは驚きの数字です。監修者で脳科学者の瀧《たき》靖《やす》之《ゆき》氏は**「リビング学習には、勉強とそれ以外の境界をなくし、生活の一部のようにする効果がある」**と述べています。

たしかに「さぁ、勉強するぞ!」となるまで、なかなかエンジンがかからないことがありますよね。くつろいでから気合を入れて勉強を始めるのではなく、くつろいだ状態で自然に勉強を始めることで、無理なく集中し続けられるようです。これを習慣づければいいのです。

ちなみに私の受験勉強は、ダイニングと自分の部屋の2か所で行なっていました。2か所が一直線上にあったので、キッチンで調理する母親を近くに感じながら、リビングテーブルと自分の部屋を行き来して、毎日飽きずに楽しく勉強をしていました。

「勉強は塾の自習室で集中して、部屋ではダラダラ過ごす」というタイプの同級生もいましたが、勉強する習慣が生活に溶け込んでしまえば、細切れの時間でもすぐに集中して勉強できるので効率的です。

リビングでも、ダイニングでも、関係ありません。習慣化させることが大切なのです。

「家が狭い」「自分の部屋がない」と言って、自宅での仕事や勉強から逃げていませんか? 結果を出している人は環境を言い訳にしません。今日から環境のせいにするのをやめましょう。

おわりに
夢は自宅で叶う

私がこれまで「夢を叶えた」場所は、家の中でした。

幼少期は脚本家の祖父に憧れ、机いっぱいに原稿用紙を広げて、1人で物語や脚本を書いて遊んでいました。東大受験も、大学の卒業論文も、一番長く時間を過ごしたのは自宅の勉強机です。

受験生時代は1日10時間以上、家にこもって勉強をしていました。不思議なもので、いまでも実家に帰り、当時の勉強机に腰掛けると、何時間でもパワーが続くのです。

もし両親が買ってくれた机のサイズが2cm低ければ、ここまで長時間、勉強に熱中していなかったことでしょう。両親が築いてくれたピースフルな家庭環境も、私が「家が好きな子」に育った要因です。父は書斎でよく読書をしていて、母はキッチンで料理をしたり、食卓で絵を描いたりしていました。

社会人になってからも、自分のキャリアを変えるようなひらめきや気づきは、家のお風呂やリビングで生まれることが多くありました。1冊目の著書『モノが多い　部屋が狭い　時間がない　でも、捨てられない人の捨てない片づけ』（ディスカヴァー・トゥエンティワン）も、2冊目の本書も、全文を自宅で書いています。

「自宅での仕事・勉強を前提にした『片づけメソッド』を米田さんに教えてもらいたい」。本書を書くことになったきっかけは、PHP研究所の大隅元《げん》副編集長がくださったTwitterDMでした。じつは大隅さんと直接お会いしたのは一度だけ。オンライン会議とFacebook Messengerで原稿のやりとりを行ない、友人への取材もSNSで協力してもらって、何とかこの本が出来上がりました。

私は方向音痴で、暑さにも寒さにも弱く、すぐに乗り物酔い・人酔いをしてしまいます。高所も閉所も暗所も苦手です。キャンプなどのサバイバル生活にはまったく適応できないのですが、家の中にいれば、いつだって心穏やかです。テクノロジーの進歩で、

「家の中でできること」の幅が年々広がっており、良い時代に生まれたことに感謝しています。

小さいお子さんがいる方、在宅介護をしている方など、私自身の想像が至らない部分も多々ありますが、さまざまな家庭環境のなかで「集中して仕事や勉強をしたい」という方に参考になるような部屋づくりの基本をお伝えしてきました。本書が少しでも皆さまの「自宅での仕事・勉強」が捗るヒントとなれば幸いです。

最後になりますが、大隅さんをはじめとするＰＨＰ研究所の皆さま、山本憲資さん、清水万稚さん、田中佑佳さん、岡本真由子さんをはじめとする株式会社サマリーの皆さま、取材にご協力いただいた皆さま、そして、夢いっぱいの居場所を与えてくれた両親と弟に、感謝を伝えたいと思います。

[著者紹介]
米田まりな（こめだ・まりな）
整理収納アドバイザー
2014年に東京大学経済学部卒業後、住友商事に入社し、Eコマース領域の事業投資を担当する。2018年より株式会社サマリーに出向、資金調達とデータ解析を主に担当している。2020年4月から一橋大学修士課程（金融財務専攻）在学中。整理収納アドバイザー1級。
脚本家の祖父・研究者の父の影響を受け、茨城県・宮城県でモノに囲まれた幼少期を過ごす。都市・地方の住宅状況格差に関する自身の経験や、100万人の“モノデータ”を扱う株式会社サマリーで行なってきた消費者調査結果を元に、「捨てないお片づけ」を提唱。作家・デザイナー・起業家など、“モノを愛してやまない人”を対象に、片づけのコンサルティングを行なっている。
自身が行なった「住まいや物欲に関する消費者調査結果」に基づく片づけメソッドは、「ヒルナンデス！」『女性セブン』『日本経済新聞』などでも取り上げられた。各種webメディアで、片づけ術に関する記事を連載中。
著書に、『モノが多い 部屋が狭い 時間がない でも、捨てられない人の捨てない片づけ』（ディスカヴァー・トゥエンティワン）。

●Twitter:@komedamarina
●note:note.com/m_komeda

集中できないのは、部屋のせい。
東大卒「収納コンサルタント」が開発！
科学的片づけメソッド37

2021年1月7日 第1版第1刷発行
2021年3月25日 第1版第3刷発行

著　者　米田まりな
発行者　後藤淳一
発行所　株式会社PHP研究所
東京本部 〒135-8137 江東区豊洲5-6-52
第二制作部 ☎03-3520-9619（編集）
普及部 ☎03-3520-9630（販売）
京都本部 〒601-8411 京都市南区西九条北ノ内町11
PHP INTERFACE https://www.php.co.jp/

DTP TwoThree
印刷所・製本所 図書印刷株式会社

 ISBN978-4-569-84834-1